VIVENCIAS

Volumen 1

¿A quién tengo yo en los cielos, sino a ti?
Y fuera de ti, nada deseo en la tierra.
Salmos 73:25

Solo Tú eres el iniciador y consumador de estas vivencias.
Oro para que mis vivencias impacte tu vida.

Luis Avilés
Pastor Casa De La Fe
1810 Randall ave.
Bronx, NY

Vivencias Volumen 1
©2020 Luis Aviles

Todos los derechos están reservados exclusivamente por el autor. El autor garantiza que todos los contenidos son originales y no infringen los derechos legales de ninguna otra persona o trabajo. Ninguna parte de este libro puede reproducirse, almacenarse en un sistema de recuperación o transmitirse de ninguna forma o por ningún medio sin el permiso expresado o por escrito del autor.

Las citas bíblicas son tomadas de la Santa Biblia, Nueva Versión Internacional (NVI). Derechos de Autor © 1973, 1978, 1984, 2011 por Biblica, Inc.TM. Usado con permiso. Todos los derechos están reservados.

Impreso en los Estados Unidos de América
ISBN-13: 978-1-7338857-9-9

CDLF Publishing House
Bronx, New York

VIVENCIAS

CONTENIDO

Dedicatoria XIX
Agradecimiento XX
Prólogo por: David Greco XXV
Comentarios sobre el autor XXVII
Introducción 1
El comienzo, Mi vida… 4
En este Libro (La Biblia) encontrarás: 22

AMOR   25

"Te quiero o Te amo?" 26
"Amor Incondicional" 29
"El poder del Amor y el Perdón" 31
¿Conocemos el verdadero Amor?(PRIMERA PARTE) 44
¿Conocemos el verdadero Amor?(SEGUNDA PARTE) ... 46
¿Conocemos el verdadero Amor?(TERCERA PARTE) 48
"Dime como está tu corazón y te diré que vas a decir" ... 50
"Es Inexplicable el Amor de Dios" 53
"Mi mejor amigo es Dios" 55
"El amor cubre toda falta" 57
"Te quiero mucho vs Te Amo Mucho" 58
"El Amor que Sana y Corrige" 59
"1 Corintios 13"(Serie Amor) 60
"Creciendo en la Palabra, Gracia y su Amor" serie Amor ... 62
"El Amor no se dice se demuestra" 64
"El Amor" 66

ALABANZA 69

"Siempre dar la Gloria a Dios" 70
"Hay Poder en la Alabanza" 72
"Alabemos al Rey De Reyes, Señor de Señores" 75
"Mas que Agradecido" 78
"Se Agradecido y Alaba" 79
"No te detengas de abrir tu boca para dar a Dios su Alabanza" ... 81

AVANZAR 83

"Persistencia, Determinacion, Consistencia y Perseverancia" 84
"Bumpy ride" 86
"Sigue marchando, No te detengas en el camino, SIGUE adelante..." 88
"Esta carrera no es el más que corra, el que más haga, o el que alcance más..." 89
¡Lo que sucedió realmente en el Calvario de Jesús, monte Gólgota! 91
"La carrera equivocada" 93
"Moving Forward" 96
"Cruzando al otro Lado" 98
"No te Detengas Sigue Adelante" 100
"Nos Veremos en la Meta" 102
"Pasa los obstáculos, no te detengas" 104
"No nos detendremos" 106
"No Regresemos a Egipto" 107
"No te Rindas" 110
"Que El Miedo No Te Detenga" 112
"Sigo a Jesús, No vuelvo atrás" 114
"Sigue caminando, Sigue sus Pisadas" 115

"No te detengas sigue Marchando" 117
"No te detengas por las malas influencias" 119
"No te detengas" Pt.2 122
"Olvida lo que pasó,¡No mires hacia atrás!» 125
"Senda antigua" 127

CRECIMIENTO Y CARÁCTER   129

"Niños vs Adultos, Adultos vs Niños" 130
"Jesus, La Cruz y El Cireneo (DE CIRENE)" 133
"Brilla en el sitio donde estés" 135
"Ser más como Jesús y menos yo" 137
"...Ser Manso y Humilde..." 139
"El pasado obstruye la gloria que vendrá" 141
"La Ley de Jehová" 143
"Seamos Luz" 145
"Perseverando en la prueba" 147
"Los tiempos de Noé" 149
"Imitando a Cristo" 151
Y si alguno prevaleciere contra uno, dos le resistirán; y cordón
   de tres dobleces no se rompe pronto. Eclesiastés 4:12 153
"Verdad mayúscula y verdad minúscula" 155
"Cómo entender la vida cristiana" 158
"Humildad, Ejemplo de Cristo" 160
"Secreto para que un Cristiano sea feliz" 163
"Perseverancia y Determinación" 165
"Muy cierto" 167
"Nuestro adversario" 168
"Ayudando a cargar tu Cruz" 169
"Resistiendo al Enemigo" 171
"Cuando era niño hablaba como niño, juzgaba como niño,

pensaba..." 173
"Cuidado con esas Piedras que puedes tropezar" 175
"El Poder de la Vida o Muerte está en la..." 178
"Jugando con Fuego" 181
"Juzgad con justo juicio"! 183
"La Realidad de ser Honesto" 185
"Padre de mentira en la recta final" pt.1 187
"Rendición Total?" 189
"Reconocer, Rectificar los Errores, Cristo es la Verdad, La
Verdad nos hace libres" 191
"Dios tiene un propósito en las tormentas" 193
"Eres vaso de honra?" 195
"Hasta donde vamos a llegar?" 196
"Jehová TIENE que edificar nuestra casa" 198
"La base para el discernimiento" 200
"La desobediencia a Dios" 202
"La culpa no es mía, la tiene otro" 204
"Unidad, conocimiento, perfección, crecimiento, estatura y
plenitud" 207
"El crecimiento lo dá Dios" 209
"El pueblo perece por falta de conocimiento" 211
"Comiendo saludable y balanceado" 215
"Jesús es el único Camino hacia la perfección" 217
"Jueces sin juicio para juzgar" 219
"Si el Señor no edifica la casa, en vano trabajan los que la
edifican;" Salmo 127: 1a 222
"Romanos 2" 223

La CRITICA y la QUEJA — 225

"La Queja y la Critica" 226

COMPROMISO — 229

- "Evangelio emocional o Evangelio de Convicción" 230
- "Será Cristo el Centro de nuestras vidas?" 233
- "Compromiso, pastor, ovejas y cabritas" 235
- "Deja que Dios tome el control, todo cambiará" 238
- "Obligación o Compromiso" 240
- "Seguir a Jesús no es una obligación, es un Compromiso" 242
- "Cuida tu corazón, guárdalo" 244
- "Como hijos de Dios tenemos PRIVILEGIOS y POSECIONES que nuestro Salvador nos otorga" 246
- "...Nos Comisionó!" 248
- ¿Acaso está DIVIDIDO el cuerpo de Cristo? 249

DIOS ES ... — 253

- "Dios sigue siendo nuestro Fundamento" 254
- "Dios es Bueno" 256
- "Dios es Fuego Consumidor" 258
- "Dios es el Dueño de mi vida" 261
- "Mi Dios es un Dios de oportunidades!" 263
- "Mi Fortaleza" 265
- "Lo que es tuyo nadie te lo quita" 268

EL ESPIRITU SANTO — 271

- "La clave para soportar las aflicciones" 272
- "Cuál debería ser la meta de nosotros como Cristianos?" 274
- "Restaurando y Perfeccionando" 277
- Manifestación del Espíritu Santo: ¿unción, desorden o ignorancia? 279

FE — 281

"No renuncies, Dios es tu fuerza" 282
"Venciendo los gigantes" 284
"Tienes el Poder para cambiar" "Si tan solo tocare su manto" 286
"Él Ha Vencido al Mundo" 288
Aflicción + Adversidad = PRUEBAS 290
"Fe y obediencia" 292
"Fe" 294
"Pide, Cree y Recibirás" 296
"Cómo derribar los obstáculos a la fe" 298
"Estamos agradando a Dios?" 300
"Mi fe está puesta en Dios" 304
"No te dejes vencer" 306
"Fe de Resistencia" 308
"Transmitiendo nuestro Legado a nuestras próximas generaciones" 310
"Fe que mueve montañas" 312
Fe para conquistar la tierra prometida 314
"Hagamos una prueba de nuestra vida" 315
"Los dos lados de la moneda" 317
"Mi confianza esta puesta en Ti Señor" 319
"Las dos caras de la moneda" 320

FIDELIDAD — 321

"Fidelidad" 322
"Fidelidad" 2 Parte 324
"Jesús mi Fiel Amigo" 326
"Mi confianza está puesta en Dios" 328
"Estar firmes y Resistid" (Serie Fidelidad) 331

"Principio de Fidelidad: Servir" 334
"Pronto llegaremos a la Meta" 339
"Aléjate del PERVERSO"(Serie Fidelidad) 341

La Voluntad de Dios 345

"Hacer el bien" 346
"Conociendo, haciendo la voluntad perfecta de Dios" 348
"La Voluntad de Dios" 350
"Hacer la Voluntad de Dios" 351
"No recuerdes el pasado" 354
"No os acordéis de las cosas pasadas, ni traigáis a memoria
las cosas antiguas. He aquí que yo hago cosa nueva;" 355
"Dios, su Voluntad y la naturaleza Creada por El" 357
"Creyentes, cristianos y evangélicos con mente reprobada;
Donde están las Nuevas Criaturas con la Mente de Cristo" pt.1 359
"Renovación y La Voluntad de Dios" 362
"Sepulcros blanqueados con espíritu de Jezabel" 365
Oseas 14:9 368

MISERICORDIA 371

"Misericordia y Gracia de Dios son Eternas" (sin principio y
sin fin) 372
"El misterio de la piedad" 374
"La manera de actuar de Dios: Normal y milagrosa" 376
"Sus Misericordias son Nuevas cada día" 378
"Renunciando sin olvidar nuestro pasado" 380
"Recordar es Vivir" 382
"Por su sacrificio hubo liberación y redención" 385
"Su MISERICORDIA, Su BONDAD, Su PERDÓN y el
BIEN" (Salmo 23:6) 387

"Su Misericordia es Eterna pero Limitada" 389

DEDICATORIA

Dedico éste mi primer libro a mi Señor y Salvador Jesús, sin El nada seria. Él es el dueño de todo, Él es la razón de mi existir. Por eso te dedicó esto a ti, Mi Señor y Salvador.

También a mi suegro, Reverendo Mario De Jesús quién se encuentra en las mansiones celestes, disfrutando en la presencia de su Salvador. A mi esposa Desiré, mis hijos Tommy y Michael, mis nietos Lanee y Tino y mi nuera Chelsea, mis padres Américo y Fela, mis hermanos Vanessa, David y Laura Noemí, y a toda mi familia, a CDLF, a la comunidad de Randall Ave.

AGRADECIMIENTO

AGRADEZCO AL PADRE CELESTIAL, al Autor de la Vida, Al Verbo Encarnado, y mi Máximo Líder, a Cristo Jesús, mi Salvador por su amor, por su bondad, por hacerme una emboscada y arrestarme para ser parte de su Empresa. Gracias por darme día a día conocimiento, sabiduría, entendimiento, discernimiento, paz y sobre todo Amor para mantenerme en esta Vocación sin retiro. Solo te digo algo Cristo, tanto amor no merezco por eso vivo enamorado de Ti.

Agradezco a mi segundo padre, mi mentor en mis comienzos Pastor Mario De Jesús (1929-2017). Gracias viejo por confiar en mí, por ver aquello que solo tu podías ver, gracias por soportarme, defenderme y cuidarme. Gracias por darme lo mas que tu amabas después de Dios, tu linda niña, Desiré. Gracias viejo, siempre te amaré y estaré agradecido.

A mi familia extendida, mi primera congregación "Casa de la fe", el Tesoro más hermoso que Dios me ha prestado.

A ti querida esposa Desiré, que eres mi columna vertebral, eres mis ojos y dirección por parte de Dios, que eres mi mejor amiga, que el poder de Cristo se ha manifestado en ti para moldearme. Sé que eres la mujer que Dios me envío para juntos entrar a la tierra prometida. A mis hijos Thomas, Michael, mi nuera Chelsea que amo tanto, a mis nietos Lailanee y Santino por brindarme tanto amor. Sé que muy pronto estaremos juntos haciendo la voluntad de Dios, sea aquí o en otro lugar haremos solo Su voluntad. Los amo con todo mi corazón,

Agradezco a mis hermanos en vida Vanesa, David y Laura Noemi. Los amo. David eres una gran inspiración en mi vida. Mimi, que regalo mas hermoso cuando llegaste por las puertas de mi casa, cambiaste mi corazón. Dios terminará la obra que comenzó ti.

Agradezco a mis padres Américo y Fela por su amor y por enseñarme e instruirme en la Palabra de Dios.

Agradezco a mi prima-hermana Judy Morales que ha tomado la responsabilidad de cuidar a mis padres y estar allí día a día por ellos, te amo mama.

Agradezco a todos los amigos, mentores, consejeros que han sido parte de mi formación y peregrinaje en estos primeros cuatro años y hago mención de ellos:

Pastores Gary y Amparito Garay

Pastor Oscar Rodríguez

Pastor David Velázquez

Pastor Edwin Santiago

Pastor René González

Pastor Nelson Rodríguez

Pastor Ephraim Rivera

Pastor Benjamin Rivera

Pastor Domingo Pino

Pastor Bert Bocachica

Pastor Abraham Velazquez

Pastor David Greco por tan excelente prólogo.

Gracias Pastor Fermín "Bobby" Medina por comunicarme la bendición de ser parte de la Asociación del Niño Evangélico de New York.

Pastor Roberto López de Iglesia Juan 3:16 por la confianza de poder ser parte de la Asociación del Niño. Estar trabajando bajo su presidencia es un verdadero honor.

Pastor, Concejal Rvdo. Rubén Díaz gracias por toda la ayuda y consejos.

Apostol Wanda Rolón y Pastor Pablo Ortega, no por último sino que Dios tiene todo planificado para sus hijos, gracias apóstol Wanda por aceptarnos como parte de su familia, pos sus palabras de sabiduría, por llevarnos siempre en sus oraciones y cuando menos lo esperamos llega un texto de aliento para subir nuestros ánimos como parte de su familia. Los amamos.

Mi mas profundo agradecimiento al pastor Gary Garay por ayudarme a redactar los primeros capítulos de éste libro, llegaste en el momento que mas lo necesitaba. Gracias a mi editor Peter Lopez por confíar en mi y en lo que Dios ha depositado, te amo papá.

Agradezco a toda la congregación Casa de la Fe, Bronx, NY y reitero mi amor hacia todos.

Gracias a ti Jarolyn Díaz, Por lo mucho que hemos aprendido de ti. Pero más que todo, por que eres una columna en la que podemos apoyarnos. Mi esposa y yo podemos ver la imagen de Cristo reflejada en tí, al saber como has sido procesada de la manera que Dios ha querido. Eres una héroe, al perdonar a aquella persona que te quitó lo más que tu amabas, tu hijo. Eso me hace ver que Dios te llamó a ser parte de su ejercito de redimidos.

Doy gracias a Dios por ser como eres. Mujer de oración y temor a su Palabra y por estar ahí en todo momento para nosotros. Tu ejemplo de vida me hace caminar y creer mas en mi Salvador. ¡Te amamos!.

También quiero agradecer a todos los departamentos de la iglesia, al grupo de EMET y sus líderes ministros de la juventud Cheerly y Vito, gracias por crecer juntos, por su amor, y por su comprensión, por su bondad y cuidado, los amamos.

Agradezco a esos líderes que han estado mano a mano conmigo. A la junta de ejecutivos, al grupo de adoración de Casa de la Fe.

Junta de Ejecutivos/Consejo Pastoral
Pastores Asistentes: Wilson y Wanda Mercado
Presidente y Director de Educación: Jarolyn Díaz
Miembros del CP: Wendy Nuñez, Ada Dones, Monique Colón, David Castro y Loida Sosa.

CDLF Praise & Worship Team
Juan Camilo Borja (Director de Adoración) Pastora Desiré Avilés
Wanda Mercado, Rubén Henríquez, Olga Espinoza, David Castro
Erving Mercado, Mario Garcia, Josh Cancel, Wilson Mercado

Liderazgo de CDLF
Cheerly Valentín, Gerardo Meléndez (Vito), Daisy Cruz, Joel Avilés , Mayra Sánchez, Juan Sánchez, Luisito Rodríguez, Shorty Rodríguez Sammy Mojica, Ramón Almanzar, Joe Agostini, Mikey Avilés, Evelyn Agostini, Lorén Montero, Ada Dones, Laura

Noemí Avilés, Felic- ita Santiago, Moraima Vilorio, Jose y Abigail Dedo, Angel y Miriam Rivera Pagán, Johana Baez Carlos Franco, Eugenio Torres, Magdalena De León, Michelle De León, Loren Montero, Kike Muñoz, Jaime Fernández (Junior), Noel Valentín y Rosita Torres.

Mis sinceros agradecimientos a todos.

Luis Avilés

PRÓLOGO
POR: DAVID GRECO

VIVENCIAS

He leído varios libros escritos por pastores acerca de sus memorias y desilusiones en el ministerio. La mayoría de estas publicaciones no son edificantes. Estos libros son escritos por hombres que necesitan expresar su dolor y no entienden que, aunque sienten un cierto alivio en compartir su dolor, al mismo tiempo no están edificando el Cuerpo de Cristo.

He aprendido que cuando una memoria es dolorosa, no ha habido verdadera sanidad. Cuando un herida es sanada, queda una cicatriz que no duele. Una cicatriz es una señal que testifica que Dios ha sanado nuestro dolor.

Cuando recibí el manuscrito de este libro, pensé que "Vivencias" sería una recopilación de experiencias dolorosas del Pastor Luis en el ministerio pastoral. ¡Que grata sorpresa tuve al comenzar a leer este libro!

"Vivencias" no es una recopilación de amarguras y heridas experimentadas en el pastorado.

"Vivencias" es un compendio de palabras reveladas al Pastor Luis en el proceso de su llamado, ministerio, sanidad y de la restauración de la joven congregación que pastorea. Como estudiante y maestro de la Palabra de Dios, he sido muy edificado por las enseñanzas expuestas en cada página.

Pastor Luis, conocí al Pastor Mario de Jesús, un fundador y edificador del Cuerpo de Cristo. Dios te ha llamado a completar lo que el comenzó. Reclamo la bendición de Efraín sobre tu vida. Serás fructífero en todo lo que te propongas hacer.

Pastor David Greco
IGLESIA PUERTA DEL REY
Woodland Park, Nueva Jersey

COMENTARIOS SOBRE EL AUTOR

René González

Conozco a el pastor Luis Avilés desde temprana edad. Fuimos vecinos en el mismo pueblo en Puerto Rico. Pasamos muchos años de nuestra adolescencia haciendo lo que nos apasionaba y apasiona, "Música".

Fue director del grupo de música que fundamos. Pertenecíamos al mismo concilio de iglesias (Iglesia de Dios MB). Hoy somos pastores, Luis en la ciudad de New York y yo en Puerto Rico , y lo somos por la gracia de Dios, El nos escogió. Aceptamos el llamado aún por encima de nuestras imperfecciones y aquí estamos. Les invito a sumergirse en las páginas de éste libro donde encontrarás respuestas a muchas de tus preguntas y donde escucharas el consejo sincero de un hombre que en sus "Vivencias" le otorgan el crédito para ser escuchado. "Vivencias" es una excelente herramienta para superar aquellas pruebas que la vida nos plantea. Descubrirás que responderle a Dios nos llevará a enderezar nuestros senderos.

"No Te Rindas"

René González
Adorador y Pastor Iglesia Casa De Júbilo, San Juan, PR

David Velásquez

Pastor Luis Avilés

Hablar de Luis es hablar de un líder innato, de determinado en proponerse metas y no descansar hasta lograrlas. Desde que lo conocí vi su interés de alcanzar cosas grandes que hasta yo en momentos pensé que eran difíciles de conquistar, pero mis ojos fueron testigos de cómo las fue alcanzando. Un detalle que para mí es el más importante y reconozco que lo aprendí de él ha sido decir la palabra te amo a las personas que significan algo para ti, en especial a los hijos, hermanos, sobrinos etc. y es ese amor que lo sigue impulsando amar a los que Dios por su gracia a puesto bajo su vara y su callado para infundir aliento en esta temporada de su vida junto a su esposa Desiré como pastor rector de Casa de la Fe . No creo que Dios haga grande a los hombres, sino que Él se hace grande entre los hombres y no hay duda de que Dios está engrandeciendo y prosperando la obra que ha puesto en las manos del Pastor Luis.

¡Adelante en el Señor Nuestro JESUCRISTO!

David Velazquez
Pastor y Adorador

Gary Garay

Conozco al pastor Luis Avilés hace aproximadamente 32 años. Llegó a la Ciudad de Hartford, Connecticut donde yo vivía en ese tiempo con su banda junto a Rene González, siendo todos unos jóvenes con ansias de hacer música y tener un ministerio.

Durante todos estos años he podido ser testigo de sus muchas luchas pero también de sus victorias. De sus altas y bajas. Hemos reído y llorado juntos.

Lo que admiro de Luis es su espíritu de lucha, de fe y perseverancia. De lo mucho que ama a su familia. Lo conozco como músico y productor de música y para ser honesto jamás pensé que Dios lo llamaría para ser pastor, no porque no este capacitado, sino porque nunca hablamos de esa posibilidad.

Sin embargo su vida dio un giro inesperado que ni el mismo lo esperaba cuando Dios lo llamó junto su esposa Desire a pastorear la "Iglesia Casa de la Fe" en el Bronx, New York.

Tuve la oportunidad de ir a ministrar a su iglesia y allí me pude percatar de lo genuino de su llamado.

Las "Vivencias" que expresa el pastor Luis con toda honestidad en su libro, son herramientas que le serán muy útiles en su pastoral y de inspiración y guía a todas aquellas personas que lean su libro.

Adelante mis hijos, como uno de sus padres espirituales me siento muy orgullosos de ustedes.

Pastor Gary Garay

INTRODUCCIÓN

PARA MI HA SIDO un gran privilegio ser escogido para llevar Las Buenas Nuevas de salvación al mundo. A mucha honra y lo grito a los cuatro vientos que he sido llamado por mi Dios para entrar en las filas de ésta gran y privilegiada vocación.

Aún recuerdo cuando a la edad de diez y seis años fui con un amigo compositor llamado Carlos Colón a un pueblo del centro de la Isla en Puerto Rico que se llama Naranjito. Íbamos con el propósito de llevar unas canciones que Carlos había escrito para unas personas allí.

Llegamos a la casa en el momento en que estaban sentados esperando la llegada de nosotros. Al entrar, de inmediato vimos como el Espíritu Santo comenzó a manifestarse sobrenaturalmente en aquel lugar. De repente una señora anciana comenzó a hablar en lenguas extrañas y se dirigió donde estábamos Carlos y yo. Inmediatamente comenzó a darle un mensaje a Carlos de parte de Dios. Luego camina hacia la persona que estaba a mi lado izquierdo y le da un mensaje también, y tan pronto terminó su mensaje, se marchó.

Yo comencé a dudar y a cuestionar todo lo que estaba pasando en ese momento. En mi mente comenzó una lucha. Peleaba con Dios y le decía: "nada de esto es verdad". Le preguntaba a Dios: ¿por qué no me diste una Palabra si de verdad eras Tú? Lo reté: "Si en verdad eres el que hablas a través de esa señora, que venga nuevamente y me hable." Todo esto lo decía en mi mente.

Para mi sorpresa solo pasaron unos minutos cuando la señora comienza a hablar en otras lenguas. Los ojos se le abrieron más de lo normal, la Presencia de Dios se sentía aún más palpable y se dirigió a mi y me dijo:

"Por qué dudas? ¿Crees que no te escucho? ¿Acaso crees que me he olvidado de ti? Pues nó, quiero que sepas que te he escogido para llevar mi Palabra a lugares que te llevaré, y serás pastor de multitudes de mis ovejas, harás mi voluntad y verás todo en mi tiempo".

Caí de rodillas. Era tanta la presencia de Dios en mi vida que no podía controlarme. Lloraba y lloraba sin detenerme. Solo tenía diez y seis años y no entendía en ese momento lo que me estaba sucediendo. Era la primera vez que sentía la presencia de Dios, tan real en mi vida. Salí de aquel lugar con mis pensamientos sumergidos en aquella experiencia. Sin embargo con el pasar de los años olvidé todo lo sucedido y no fue hasta treinta y tres años después cuando Dios volvió a hablar a mi vida.

Hace cuatro años de mi llamado por parte de Dios a ser y tal parece que han pasado muchos más. Ahora entiendo firmemente lo que dijo el Apóstol Pablo en su carta a los Romanos 11:29 donde dice: *"Porque irrevocables son los dones y el llamamiento de Dios."* (Reina-Valera 1960 (RVR1960))

Todavía me pregunto: ¿Por qué te fijaste en mí si te sido tan infiel? ¿qué te llamó la atención de mí? Entre tantos, ¿por qué pusiste tu mirada en mí? La pregunta me fue contestada en Las Sagradas Escrituras en 1 Corintios 1:26-29 donde dice:

"Pues mirad, hermanos, vuestra vocación, que no sois muchos sabios según la carne, ni muchos poderosos, ni muchos nobles; sino que lo necio del mundo escogió Dios, para avergonzar a los sabios;

y lo débil del mundo escogió Dios, para avergonzar a lo fuerte; y lo vil del mundo y lo menospreciado escogió Dios, y lo que no es, para deshacer lo que es, a fin de que nadie se jacte en su presencia."

Dios quien conoce los corazones, sabia que a pesar de mis flaquezas, yo le amaba. Por eso le doy la gloria y la honra porque solo Él la merece. Le doy gracias por darme ésta maravillosa oportunidad de ser uno de sus ministros. Escuché su llamado y obedecí. Pusimos nuestras manos a la obra y entramos en el desierto.

Mis vivencias acerca del proceso de este llamado son las que quiero compartir con usted amado lector. Espero que las mismas puedan ayudar a alguien que esté en este proceso de discernimiento a responder al llamado que Dios le ha hecho y pueda responder: *"Heme aquí Señor, envíame a mi."*

EL COMIENZO, MI VIDA...

NACÍ EN SAN JUAN, Puerto Rico un 15 de Abril de 1966. Son mis padres Américo y Felicita Avilés. Éramos seis hermanos. Sammy y Papo que ya moran en la presencia del Señor. Mis hermanos en vida Vanesa, David y Laura Noemí era la composición familiar la cual crecimos aprendiendo los principios y valores morales establecidos según la Palabra de Dios.

Mis padres nos matricularon en el Colegio Bautista de Carolina, Puerto Rico y allí comenzó los primeros cimientos de mi formación teológica. Era hermoso estar en esos primeros seis años en un Colegio Cristiano donde tomábamos asignaturas en Educación Cristiana.

Mis padres eran ministros con un gran testimonio. Me enseñaron a amar y a temer a Nuestro Dios. Me enseñaron el valor que tiene el amor y el perdón. Asistíamos a la iglesia siete días a la semana. Ellos eran líderes muy comprometidos por lo tanto yo sé lo que es dormir debajo de los "bancos" o asientos de la iglesia.

Mi carrera en la música comenzó en Puerto Rico. Tomé clases de piano y composición junto a mi hermano David, por alrededor de cuatro años, lo cual fue el fundamento para lo que he podido trabajar y desarrollar en éstos pasados treinta años de producción musical.

Fuí músico, y fundador junto a mi hermano David, de la banda de René González. También acompañamos a las Hermanitas

Rivera, Benjamin Rivera entre muchos otros. Nuestra pasión era la música. Hacíamos música todos los días, compartíamos escenarios, plataformas y altares de Iglesias continuamente. Anduvimos la Isla de Puerto Rico de esquina a esquina tocando con nuestra Banda y René González sin detenernos.

A los diecisiete años comencé mis estudios en la Universidad Interamericana de Bayamón, Puerto Rico y en la Universidad Central. Aunque seguía fungiendo como músico, tenía un negocio de venta de artículos de primera necesidad casa por casa para ayudarme con los gastos de mis estudios.

En el año 1987 tuve la oportunidad de salir a Estados Unidos en una gira con René González y las Hermanitas Rivera producida por el Pastor y amigo mentor Nelson Rodríguez.

Llegamos con nuestra banda a la Ciudad de New York. Era verano. La ciudad me encantó, al ver esos edificios tan grandes e imponentes, a los que llamaban rascacielos y que solo había visto en películas y revistas. Realmente estaba fascinado. Pensé: "algún día vendré a vivir a esta gran ciudad." La gira fue una gran bendición. Tuvimos la oportunidad de visitar muchas iglesias en varios estados de la nación. Conocimos muchos pastores y Dios nos dió la oportunidad de grabar el primer disco de Rene González "No te rindas" en Hartford, Ct. ¡Fue una maravillosa experiencia!

No había cumplido bien los veinte y dos años cuando en el año 1989 ya me había mudado de Puerto Rico a la ciudad de New York. Pensaba que todo era color de rosa y que la ciudad me abriría las puertas con la alfombra roja. Hubo cambios fuertes en mi vida. Cambios de costumbres, de cultura, en fin no era tan fácil como yo pensaba. Tuve que trabajar fuerte para salir adelante. Trabajé con el pastor, amigo y mentor David Velázquez en la distribución y ventas de discos y cassettes en las librerías de la ciudad. Trabajé en mercados y bodegas, en el "barrio" Puertorriqueño en Manhattan.

Terminé viviendo en la iglesia que pastoreaba el que sería mi suegro Pastor Mario de Jesús Iglesia "La Segunda Hermosa". Dios estaba orquestando un plan para mi vida. El estar viviendo en el templo me dio la oportunidad de trabajar al lado del Pastor Mario. El se convirtió no solo en mi pastor, sino en un padre y mentor de mi vida. Todas estas vivencias estaban grabándose en mi corazón.

Comienzo a estudiar en Mercy College, Bronx, NY. Dos años en Ciencias de la Sicologia lo cual fue importante que estudiara esa materia para poder vivir en la ciudad de New York.

Desiré De Jesús, la hija de mi pastor Mario De Jesús, vino a ser mi novia para ese entonces. Nos comprometimos y finalmente Dios nos unió en matrimonio el día 22 de Septiembre de 1990. Y no tengo dudas de que Dios nos unió, porque mi esposa tiene un papel muy importante en mi vida. Ella ha sido mi columna vertebral, mi amiga, mi consejera, y mi paño de lágrimas. Una mujer que ha sido paciente y ha sabido cubrir mis espaldas y ha sido una parte vital en mi formación como cristiano. La Palabra dice que: *"La mujer sabia edifica su casa"*. Proverbios 14:1

Ella es una de mis héroes. Una mujer que venció un gigante en su vida. No había cumplido los cuarenta años de edad cuando fue diagnosticada con cáncer de mama. Sin embargo nunca dejó que el cáncer la detuviera, o la marginara. Al contrario enfrentó la guerra como buena soldado y al final venció el poder de Dios sobre su vida. Lo logró, Dios hizo el milagro. Después de Dios ella ha sido lo mejor que me ha pasado. La sigo amando como si fuera el primer día que la conocí y reitero mi amor hacia la mujer idónea que Dios me puso a mi lado, Desiré.

Negocio de producción Blessing Recording Studio…

Siempre tuve el anhelo en mi corazón de tener mi propio estudio de grabación. Un lugar dedicado a Dios donde los ministros de la música pudieran venir y hacer sus producciones musicales en un ambiente sano y espiritual. La bendición llegó al final del año 1991 cuando inauguramos nuestro primer estudio de grabación. Lo llamamos: "Blessings Recording Studio". Allí fuimos productores junto a mi hermano David, Josías Piña y Nelson Jaime "Gazú" de cientos y cientos de producciones en cassettes para ese entonces.

Mas de 30 años en producciones musicales fueron producidos en nuestro estudio y trabajos para compañías y sellos independientes. La verdad que fué una tremenda bendición. Ganamos mucho prestigio y mucho dinero. Sin embargo el éxito trajo otras consecuencias. Mi vida en ese entonces tomó otro rumbo. Perdí la visión de lo que en realidad yo deseaba para el estudio de grabación.

Mi vida cambió drásticamente. Mis amistades fueron cambiando como también mis habitos. Bien dice la Palabra en 1 Corintios 15:33

> **"No se dejen engañar: «Las malas compañías corrompen las buenas costumbres»**.

Me fui apartando de los caminos del Señor y comencé a usar

drogas y alcohol y estos fueron los compañeros de mi vida por casi siete años.

Tenía dos personalidades. Vivía una doble vida, una en la iglesia y otra afuera. Trataba de esconderme de Dios, pero eso era imposible. Mi negocio crecía y el enemigo me prosperaba en el mundo de las tinieblas rápidamente. Comencé a hacer negocios ilícitos, por que la adicción era cada vez peor.

Adelgazaba, no comía por los compromisos de trabajos en el estudio de grabación. Eran madrugadas enteras llenas de alcaloides y alcohol, trabajando con cantantes y músicos toda la madrugada para lograr un producto final satisfactorio, pero me iba desgastando por el exceso de trabajo y el uso de la cocaína. Era horrible, no podía más. Tuve problemas con la ley, hasta que un diá fui a parar a la cárcel.

Mi vida seguía en picada y yo no podía hacer nada. Me sentía impotente, atado por las fuerzas del mal. En el año 1992 nace mi primer hijo. Lo llamé Thomas Louis Avilés. Ese fue uno de los días mas hermoso de mi vida. Era padre por primera vez. Que gran responsabilidad. Tenía que darle un ejemplo de vida a mi hijo y mi vida estaba destruida. Durante su crecimiento mi hijo vio escenas no muy buenas de su papá. Veía a su papá ebrio, con una botella de alcohol cuando el apenas era un niño. Sin embargo, ese niño cambió mi vida. Recuerdo en una ocasión encontré un "diario" que el tenía, y en el que escribía todos los días. Sentí curiosidad y abrí el diario. Algo que leí provocó quebrantamiento en mi. Escribió: *"Quiero que mi papá deje de tomar cerveza"*. Imagínense un niño de apenas cuatro años se daba cuenta del comportamiento tóxico de su papá. Eso tocó profundamente mi corazón. Comencé a llorar, quería cambiar mi rumbo, pero se me hacía tan difícil. Había echado por la borda todo lo que mis padres me habían enseñado.

Doy gloria a Dios por que cada uno de nosotros pasamos por experiencias difíciles que nos ayudan a crecer, y mi hijo Tommy pasó su proceso y hoy en día es un hombre de Fe y Amor, un hombre responsable que ha decidido seguir el buen camino y consejo de la Palabra de Dios.

Mi encuentro con Jesús...

En el año 2000 Cristo llegó a mi vida. Mi esposa y yo decidimos tomar unas vacaciones y viajamos Orlando, Florida para luego tomar un crucero que salía de Miami. Tuvimos una semana en el crucero y durante todo ese tiempo estuve sin usar drogas. Fue un tiempo de esparcimiento y relajación que pude disfrutar con mi esposa. Tiempo que pude utilizar para reflexionar acerca del rumbo que estaba tomando mi vida. Necesitaba un cambio y lo necesitaba pronto.

Cuando regresamos del crucero fuimos a visitar a mi hermano David que vivía en la Ciudad de West Palm Beach, Florida. Después de un rato de plática David me dijo: Sabes que David y Abraham estarán este fin de semana ministrando y cantando en la Iglesia Tabernáculo de Amor. Es la Iglesia que yo voy, me dijo con mucho entusiasmo. ¿Por qué no te animas y vienes a verlos?

David y Abraham son como mis hermanos. Crecí junto a David Velazquez prácticamente y les tengo un gran amor. Ellos son los hijos de Gregory y Deborah Velazquez, productores y cantante de música cristiana con una gran trayectoria en el ambiente cristiano. Ambos ya moran con el Señor.

Yo le había producido su primer disco bajo mi sello como dúo y esa producción fue de gran bendición y su ministerio habia crecido impactando a muchos con sus canciones y predica. Por algunos años me había distanciado de ellos debido a mi condición pecaminosa. Pensé que esa sería una gran oportunidad para reconectar con ellos y le menifesté a David que vendría al evento. Queria ver a los muchachos de nuevo, no tenía necesidad de esconderme en esta ocasión.

Llegó el día. Salímos de Orlando hacia West Palm Beach temprano en la tarde. Dios tenía un plan para nosotros ese día y el enemigo trató por todos los medios de que no llegáramos. Ya de camino, de repente se revienta una llanta al coche. El tiempo que estuvimos tratando de arreglar la llanta fue tal que ya se hacía tarde. El pensamiento de retroceder llegó junto con el desánimo. Decidimos llegar aunque fuera tarde. Al fin pudimos llegar. Ya David Velázquez estaba comenzando a predicar. Nos sentaron en los primeros asientos. Dios tiene un plan perfecto. Tanto Desi como yo pusimos toda nuestra atención a la predicación de la Palabra. Habia una unción especial allí. De repente algo comenzó a arder dentro de mí. Algo que nunca había experimentado. Comencé a llorar y a llorar hasta que llegué al altar. No sé qué pasó, ni como pasó, solo sé que nunca había sentido algo igual. Ahora entiendo lo que es el Gozo de la Salvación. Al mirar, vi a mi esposa también sumergida en llanto. La abracé y juntos lloramos entendiendo que el plan que Dios tenía para nuestras vidas apenas comenzaba.

A partir de ese momento mi vida cambió. Dio un curso

diferente. Comenzó mi proceso de limpieza y rehabilitación en contra de la adicción de las drogas. Ya no necesité mas de substancias controladas ni alcohol. Renuncié a todo lo que me podía desviar del plan de Dios para nuestras vidas. Mi esposa oraba sin cesar y Dios escuchó su ruego. A El sea toda la gloria.

En Octubre 15 del 2001 nace mi segundo regalo prestado por parte de Dios. Otro niño hermoso que lo había soñado y visto antes que naciera. Michael Ryan Avilés, fue como un ángel del cielo que vino a darnos más gozo y alegría en el momento que más lo necesitábamos.

Dios sabe como y cuando hacer las cosas. Mikey crecía junto a su hermano Tommy a nueve años de diferencia. Que bendición tan grande ver a nuestros hijos crecer esta vez en el temor de Dios.

Retomando la visión de producción de música cristiana, esta vez con un nuevo enfoque, comencé mi segundo estudio de grabación junto a mi hermano y amigo Félix González. Felix era un excelente músico con un extraordinario talento. Nos unimos y allí producimos cientos de grabaciones a muchos ministerios cristianos. La bendición de Dios era tanta que el trabajo era demasiado agotador que no dabamos a basto. Yo no quería que el exceso de trabajo volviera estorbar mi nueva relación con Dios y con mi familia. Mi deseo era seguir creciendo en gracia y en sabiduría, quería aprender más de la Palabra de Dios. Y eso pronto estaba por ocurrir. Felix y yo decidimos separarnos y cada cual tomó su camino. Mi hermano Felix partió con el Señor a muy temprana edad. Todavia guardo lindos recuerdos de nuestra trayectoria en el ambiente de la música.

La Transición...

En el año 2005 recibí una llamada de mi hermano David. Luis, aquí hay alguién que quiere hablar contigo y me pasó el teléfono. Era el pastor Edwin Santiago de West Palm Beach, Florida. Me dijo: "Luis te necesito para que vengas a trabajar conmigo dirigiendo el departamento de Media y Producción de Tabernaculo Internacional. Quiero que vengas a formar parte del ministerio de Rompiendo los Límites." ¡Gloria a Dios! Exclamé. Dios abrió la puerta que necesitaba para movilizar mi familia a la Florida. Consulté con Dios y mi esposa y todos estuvimos de acuerdo. Asi que hicimos los arreglos pertinentes y nos mudamos a West Palm Beach, Florida. Comenzaba nuestro proceso de aprendizaje. Viajar al lado del pastor Edwin Santiago, fue una gran escuela para mi. Fue un gran mi amigo y mentor. Puedo decir que aprendí del mejor. Me preparé mas en la Palabra sin saber para que lo iba a utilizar, mi pastor Edwin me decía que tenia "poder de convocatoria" pero en realidad no entendia que observaba Pastor Edwin en mi persona. Aunque entiendo que todavía sigo en este proceso de aprendizaje. Siete años pasamos en el ministerio "Tabernáculo Internacional", cuando Dios nos movió a trabajar con el Pastor, Oscar Rodríguez en la Emisora Cristiana Universo 1420 AM. El pastor Oscar es un hombre visionario y emprendedor. Accesible al pueblo. Para mi esa fue otra escuela. Aprender de un hombre de Dios a conectarme con el pueblo, con la gente. Y en otra parte de mi vida, aprendí a hacer radio. ¡Que hermosa experiencia!

Fueron cuatro años llenos de visión, de capacitación al lado de un gran siervo de Dios, como lo es el pastor Oscar Rodríguez. Le agradezco tanto a él y a su congregación "Cristo mi Redentor".

Dios nos bendijo muchísimo en todo el sentido de la palabra. Mi esposa y yo fuimos prosperados en todo.

En el año 2014 solicité trabajo en el Correo de los Estados Unidos (USPS). Para mi sorpresa me aceptaron. Tomé todos los exámenes y los pasé con altas calificaciones. No tenía necesidad de buscar otro empleo, mis economías estaban estable, pero insistía en querer ganar más dinero y mejores benficios. Mi esposa es una mujer muy preparada académicamente. Tiene un Bachillerato en Educación y Consejería y una Maestría en Psicología Familiar. Y en ese tiempo ella trabajaba en una gran universidad Keiser University en West Palm Beach. Yo por mi parte trabajaba en la Emisora Cristiana Universo 1420 AM, y mi negocio de grabación producía muchísimo dinero. Teníamos una casa hermosa que Dios nos dió en uno de los mejores sectores de Royal Palm Beach, Fl. Entre mi esposa y yo hacíamos mucho dinero, y ahora con el trabajo en el correo se iban a incrementar nuestras economías. En fin, estábamos muy cómodos, disfrutando de nuestros nietos, y familia.

Todavia tenía un corazón muy materialista que solo pensaba como hacer dinero y eso muy pronto Dios lo iba a cambiar.

Ya para principios del mes de Marzo del 2015, estaba firmando mi contrato con el correo. Mi entrenamiento comenzaría el 30 de Marzo de ese mismo año. Mi sueño se había hecho realidad. Le daba gracias a Dios como si fuera el plan perfecto de él lo que estaba viviendo. Que equivocado estaba. El libro de Proverbios 14:12 dice: *"Hay camino que al hombre le parece derecho; Pero su fin es camino de muerte."*

Aunque todo este "sueño hermoso" se producía en mi vida,

yo no sentía paz. La paz es una evidencia de la voluntad de Dios en nuestras vidas. Y yo me sentía como si hubiera cometido un pecado, algún error. ¿Será ésta la voluntad de Dios para mi vida? Permanecí en silencio y no le comentaba nada a mi esposa Desi.

¿Pastorado? ¡Jamás!...

El pastorado estaba muy lejos de mi mente, muy lejos de mi corazón.

Una tarde estando sentado en mi casa, mi hijo Mikey me dijo: Papi, anoche tuve un sueño. Al ver su carita de preocupación me enderecé en el asiento y le pregunté: Cuentame papi, ¿Cuál fue el sueño? Titubeando un poco expresó: "Soñe que tu te habías muerto por causa del trabajo en el correo." ¡No lo podía creer! Tratando de justificar mi decisión le dije: "papito, vamos a tener más dinero para tus estudios". Un poco íncredulo con mi respuesta, niño al fin no abrió más su boca. Yo por mi parte me quedé inquieto y pensativo. Durante mucho tiempo el sueño de Mikey se quedó en mente y en mi corazón.

Mi esposa Desi quería ir a ver a su papá. Su padre estaba bien afectado de salud por la demencia, y se le estaba haciendo muy difícil su pastoral y el trabajo con la iglesia. Desi decidió ir en el mes de Marzo. Asi que hicimos los arreglos y ella partió hacia la ciudad de New York.

Ese mismo día yo había firmado mi contrato con el correo para ser exacto Marzo 1ro, de 2015. En la noche estuve hablando con el productor y amigo Mike Rivera, esposo de Julissa. Me comentaba lo que Dios estaba haciendo con ellos y por la transición que Dios los estaba llevando. Me dijo claramente mirandome a los ojos:

"Luisito, no te sorprendas si Dios te saca de la Florida y te lleva a otro lugar". Mi corazón latió fuertemente al escuchar estas palabras y le mencioné que ya había firmado con el correo de los Estados Unidos ese mismo día en la mañana. Lo que Dios va a hacer, lo va hacer. No importa tus malas decisiones. En Proverbios 3:5 dice: *"Fíate de Jehová de todo tu corazón, Y no te apoyes en tu propia prudencia. 6 Reconócelo en todos tus caminos, Y él enderezará tus veredas."*

A partir de ese momento comienza la incomodidad en mi espiritu. ¿Que va a pasar con el trabajo en el correo? ¿Qué va a pasar con el trabajo en la emisora Universo 1420 que todavía mi jefe el pastor Oscar Rodriguez no sabia que yo había aplicado para otro empleo?. Ya había firmado el contrato y el entrenamiento comenzaba el 30 de Marzo. Por otra parte, me sentía inquieto con el sueño de Mikey.

Mi esposa Desi llegó de New York. Con mucha preocupación y tristeza me cuenta la condición en que se encuentra la congregación de la "Segunda Hermosa" que pastoreaba mi suegro Mario de Jesús. La iglesia estaba en decadencia, mucha gente se había marchado y los que quedaban estaban envueltos en problemas, murmuraciones, y situaciones dificiles. Esto está afectando la condición de demencia de papi, me decía con lagrimas en sus ojos mi esposa. Lo encontré muy desmejorado, ¿Qué podemos hacer?

Recordé en ese momento que mi suegro me llamaba todos los años para decirme que yo era la persona que él necesitaba en la iglesia como pastor, que me fuera para New York. No sabía yó, que era un grito de auxilio de un pastor responsable que deseaba lo mejor para su rebaño.

Esas palabras del pastor Mario, nunca llegaron a mi corazón

hasta ese momento. Mas bien le decía lleno de arrogancia, que la iglesia nunca me podrían pagar un salario que fuera más o menos lo que ganaba en la Florida. También le recomendé que vendiera ese templo, el edificio, la propiedad y le diera algo a los hermanos y lo demás lo repartiera entre sus hijos. ¡Que equivocado estaba! Jamás pensaba dejar la comodidad, los salarios, mis nietos, mis hijos, mi casa, para regresar nuevamente a el Bronx. ¡Jamás!

Llamamiento. Jamás digas Jamás...

Le dije a mi esposa que comprara los boletos para ir a New York, para ver a mi suegro y poder hablar con los miembros que quedaban en la Iglesia "Segunda Hermosa". Dios ya iba trabajando en mi corazón aún en contra de la decisión que había tomado cuando firmé el contrato con el correo. Ya era tanta la inquietud y el desespero que decidí renunciar al empleo en el correo, antes de comenzar el entrenamiento. ¡Que libertad sentí! La paz de Dios inundó mi corazón. Entendí que Dios no me quería en ese lugar.

Llegamos a New York. La iglesia está situada en el área del Bronx. Una comunidad en su mayoria hispanos de todas la nacionalidades. Un lugar azotado por la pobreza, los vicios y un ambiente hostíl. Al entrar a aquel lugar nuevamente, sentí un amor y una compasión que recordé el pasaje de las Escrituras cuando Jesús vio las multitudes que eran *"como ovejas que no tenían pastor"*. Vi como a mi suegro se le iluminaron los ojos llenos de esperanza al vernos. Sentí tanta compasión por él que decidimos reunirnos inmediatamente con la antigua Junta de Oficiales. La reunión se realizó en la iglesia. Llegaron los miembros de la Junta un poco desconfiados. Les diré que no me miraban con buenos ojos.

Comenzamos la reunión expresando nuestra inquietud por ayudar en áreas tales como: Organigrama eclesiástico, evangelismo agresivo, imagen de negocio, promoción y mercadeo áreas en las cuales estaba preparado al trabajar con diferentes ministerios en la Florida.

Habiamos trazado un plan para la iglesia, pero ya Dios había trazado otro para nosotros. En esa reunión mi suegro les dijo a los miembros de la junta que el confiaba en mí. Que el quería que yo tomara el control de todo lo que se hiciera en éste lugar. Dios mío, si yo solo vine a tratar para ayudarlo en la re-organización de la iglesia y luego regresarme, pensé. Yo le respondí: "Mario, yo todavía no me he decidido. Dios tiene que hablarme." Ahora entiendo el deseo de mi suegro por avanzar en que yo me decidiera. Pero no era tanto mi decisión, yo quería escuchar a Dios confirmando cualquier decisión. ÉL es el que dá la primera y última palabra.

Concluímos la reunión y acordamos reunirnos el Sábado sub-siguiente. Mi corazón seguía inquieto y me fui a orar. Esperaba que Dios confirmara antes del Sábado.

El Sábado en la tarde me reuní con los líderes que habían llegado a la casa de mi suegro Mario. Todavía no tenía confirmación de Dios. Asi que le di la oportunidad a los líderes a que se expresaran. Estuve atento a sus comentarios, anoté todo hasta lo mas mínimo. Me encontraba parado frente a ellos, y detrás de mi había un librero. Cuando de repente escuché una voz. Una voz firme, diferente. Una voz de mandato, que me dijo: *"Tu tiempo en la Florida se terminó, ahora comienzas una nueva vida aquí en el Bronx, New York"*. En fracción de segundos mi corazón cambió.

Sentía deseos de llorar, ya no quería regresar a West Palm Beach, Florida. Le comenté a mi esposa Desi que Dios me había hablado en ese momento, no lo entendía. Le dije a Desi que prepara las maletas que nos regresamos al Bronx. Ahora todas las piezas del rompecabezas se iban uniendo, ahora entendía el por qué no me dejó aceptar el trabajo en el correo de los Estados Unidos, ahora entiendo el por qué pasé por el bajo mundo, por adicciones, por situaciones que yo mismo provoqué.

Confirmación...

Dios envió hombres y mujeres que soñaban y Dios les revelaba; me llamaban diciéndome que en los sueños de alguna manera aparecía yó como ministro o pastor. En la iglesia que asistía, un joven se acerca y me dice que tuvo un sueño, que yo aparecía vestido con traje negro, pero en una escalera y este joven entraba a ese lugar que estaba desordenado y deteriorado y cuando me vió en la escalera el me gritó diciéndome que me bajara porque yo era el pastor y ellos estaban para componer lo que estuviera dañado en ese lugar. Dios hacia esto para que no dudara que el que me había llamado era EÉl. Que él escoge gente para confirmar la Palabra que él deposita en el corazón de él que él llama. Gloria a Dios.

Partida...

Mi esposa Desi y Yo cerramos la casa y nos fuimos un 8 de Agosto del 2015 despues de haber dejado, renunciado a nuestros trabajos seculares y salir con la frente en alto de la Florida. Ya mi hijo menor Mikey se encontraba en New York. En un camión solo transportábamos alguna ropa en cajas, el equipo del estudio de grabación y mi vehículo. Llegamos el día 10 de Agosto del 2015 para comenzar una nueva etapa en nuestras vidas.

Todo ha sido cuesta arriba, en todo el sentido de la palabra. Tuvimos que responsabilizarnos y cuidar a mi suegro, mi segundo padre y darle un poco de descanso a mi suegra Marta que atendia con tanto amor a ese ancianito. Mi hijo Michael me enseñaba como atenderlo, cuidarlo, era un privilegio estar al lado de mi mentor, mi padre pastor Mario De Jesús sirviéndole en sus últimos dias. Su demencia crecía, aceleraba. Pasamos madrugadas, tardes, noches en tensión extrema por su condición. Aprendimos mi esposa Desiré, Mikey y yo a valorar, honrar un gran hombre de Dios que marcó la ciudad de el Bronx, el área de Randall Ave. Le damos Gloria a Dios por esos dos años de entrenamiento y que queda la satisfacción que hicimos lo correcto y que muy pronto lo veremos en Gloria.

En la congregación que tomamos los problemas, aflicciones, pruebas, murmuraciones, retos, injusticias, agresiones, era nuestro pan diario. Recuerden que Dios dá una palabra, Dios escoge, llama, pero ese llamado no lo hace para el resto del pueblo que van a ser sacados de un Egipto espiritual. Ellos no se pueden culpar por que el llamado era para Mí y mi esposa Desi. Solo hicimos lo que Dios nos dijo que hiciéramos. No ha sido fácil este proceso pero algo sé y como me dijo el pastor, amigo y mentor Bobby Cruz y cito: "el que te llamó pagará la cuenta, él te respaldará, sal en fe creyéndo". Y así ha sido, Comenzamos con unos 25 se fueron muchos, pero Dios nos ha dado un crecimiento en menos de 4 años y seguimos en expansión y aceleramiento. Mas de 250 personas promedio, líderes preciosos, un grupo de adoración poderoso y bien dirigido por mi hijo espiritual Juan Camilo Borja, programa en Radio Visión Cristiana, Programa de Televisión en Bronxnet TV, estudio de grabación y producción y muy pronto entraremos construyendo, edificando un edificio de 8 pisos con apartamentos para ancianos y la iglesia totalmente nueva, siguiendo la voz de Dios y todo para la gloria y honra de nuestro Dios. Es cuestión de obedecer y seguir las pisadas del maestro. La clave es mostrar y brindar amor.

Mi esposa Desi, Mikey y un servidor solo obedecemos y estamos comprometidos a llevar a un pueblo a la tierra prometida. Vamos marchando, llevando el evangelio de Cristo por todos los lados. Tengo que agradecer a tantas personas, tantos y tantos que ustedes saben quiénes son para no hacer sentir mal a ninguno, pero Dios solo sabe que si no fuera por él y por USTEDES no hubiese sido posible. Los amo de todo corazón. Seguimos marchando.

Esta travesía que usted comenzará a leer es menos de 4 años de experiencia pastoral. No es lo mismo hablarlo que vivirlo. Ahora entiendo el porqué de aquel mensaje a través de aquella ancianita cuando apenas tenía 16 años y vuelvo y cito:

"por qué dudas? ¿Crees que no te escucho? ¿Acaso crees que me he olvidado de ti? Pues no, quiero que sepas que te he escogido para llevar mi Palabra a lugares que te llevaré, serás pastor de multitudes de mis ovejas, harás mi voluntad y veras todo en mi tiempo".

Estamos comenzando, solo es un pequeño comienzo, estamos listos para seguir hacia adelante, estamos caminando y mirando a Cristo haciendo la voluntad de él.

"Vivencias por Luis Avilés"

EN ESTE LIBRO (LA BIBLIA) ENCONTRARÁS:

1. La Verdadera Fórmula para la Salvación.
2. Encontrarás el Secreto de la Inmortalidad Eterna.
3. La Verdad escrita de las Buenas Nuevas para Redención.

(Romanos 15:4) Porque las cosas que se escribieron antes, para nuestra enseñanza se escribieron, a fin de que, por la paciencia y la consolación de las Escrituras, tengamos esperanza.

(Isaías 40:8) Sécase la hierba, marchítase la flor; más la palabra del Dios nuestro permanece para siempre

(Mateo 7:24) Cualquiera, pues, que me oye estas palabras, y las hace, le compararé a un hombre prudente, que edificó su casa sobre la roca.

(Hebreos 4:12) Porque la palabra de Dios es viva y eficaz, y más cortante que toda espada de dos filos; y penetra hasta partir el alma y el espíritu, las coyunturas y los tuétanos, y discierne los pensamientos y las intenciones del corazón.

(Proverbios 30:5) Toda palabra de Dios es limpia; El es escudo a los que en él esperan.

(Salmos 119:105) Lámpara es a mis pies tu palabra, Y lumbrera a mi camino

(1 Pedro 2:2) desead, como niños recién nacidos, la leche espiritual no adulterada, para que por ella crezcáis para salvación.

(PRECAUCIÓN: NO SOY RESPONSABLE SI TU VIDA ES TRANSFORMADA DESPUES DE LEER ESE MARAVILLOSO LIBRO

Luis Avilés
Pastor CDLF

AMOR

pero el que no ama no conoce a Dios,
porque Dios es amor.... Dios es amor,
y todos los que viven en amor viven en
Dios y Dios vive en ellos.

1 JUAN 4:48, 16 NTV

"TE QUIERO O TE AMO?"

DOS FRASES QUE SUS verbos accionan en diferentes direcciones y su significados son totalmente opuestos.

Al escuchar las palabras "amar" o "querer", mayormente las involucramos en cuestiones sentimentales, o en relaciones de pareja. Si bien es cierto, al emplear estos términos para expresar el sentir de los profundos afectos, suena muy hermoso, pero el sentimiento a veces nos lleva a cometer un error, y es confundir el significado de estos dos vocablos.

¿Qué es el amor? Cuando nosotros pensamos en el amor es fácil pensar en los buenos sentimientos. Pero el verdadero amor no depende de sentimientos. Se trata de algo mucho más que lo que siento por alguien. Si se trata de un amor romántico, un miembro de mi familia, un amigo, un compañero de trabajo, a menudo el amor que uno da y recibe es en base a lo que uno mismo ha experimento del amor. Pero, ¿qué hago cuando amar a alguien tiene un costo para mí? ¿Qué dice la Biblia sobre el amor?

"El amor es sufrido, es benigno; el amor no tiene envidia, el amor no es jactancioso, no se envanece; no hace nada indebido, no busca lo suyo, no se irrita, no guarda rencor; no se goza de la injusticia, mas se goza de la verdad. Todo lo sufre, todo lo cree, todo lo espera, todo lo soporta. El amor nunca deja de ser; pero las profecías se acabarán, y cesarán las lenguas, y la ciencia acabará". 1 Corintios 13,4-8.

La fuente de AMOR viene de Dios porque él es amor. Es un error el decirle a un ser que amamos "te quiero"..

Mateo 22:

"Jesús le dijo: Amarás al Señor tu Dios con todo tu corazón, y con toda tu alma, y con toda tu mente. Este es el primero y grande mandamiento. Y el segundo es semejante: Amarás a tu prójimo como a ti mismo".

Juan 3:16

"Porque de tal manera amó Dios al mundo, que ha dado a su Hijo unigénito, para que todo aquel que en él cree, no se pierda, mas tenga vida eterna".

1 Juan 4:19-21

"Nosotros amamos porque El nos amó primero. Si alguien dice: "Yo amo a Dios," pero aborrece a su hermano, es un mentiroso. Porque el que no ama a su hermano, a quien ha visto, no puede amar a Dios a quien no ha visto. Y este mandamiento tenemos de El: que el que ama a Dios, ame también a su hermano".

Si siento que me falta el verdadero amor de Dios entonces puedo orar a El y pedirle que me muestre cómo puedo conseguir más de ese gran amor que ofrece Dios(te garantizo que si eres NUEVA CRIATURA este mensaje no es para tí). Tengo que estar dispuesto a renunciar a mi propia voluntad, ego y pensar primeramente en los demás y después en mí mismo.

> «Y ahora permanecen la fe, la esperanza y el amor, estos tres; pero el mayor de ellos es el amor.» 1 Corintios 13,13.

"Te quiero o Te amo?"

"AMOR INCONDICIONAL"

PODEMOS HABLAR DE AMOR Incondicional como el de una Madre, que no ve debilidades, imperfecciones, tropiezos ni dificultades a la hora de amar a su hijo. Saca su bocao' de comida (como buen dicho Puertorriqueño) para darle de comer a su niño. Defiende hasta morir por la seguridad de ese que Ama. No hay límites para amar incondicionalmente a ese hijo que trajo al mundo.

El amor incondicional es el verdadero amor, el cual es muy diferente a la clase de amor que la mayoría de nosotros hemos conocido o experimentamos en nuestro diario vivir; el amor verdadero es la búsqueda de la felicidad de otra persona, sin pensar en lo que podemos conseguir para nosotros mismos.

Sólo hay un tipo de amor que puede llenarnos, curarnos y darnos la felicidad que todos queremos: el amor verdadero incondicional que todos buscamos. El verdadero amor tiene el poder de curar todas las heridas. Amar sin condiciones es más un comportamiento frente a un sentimiento, lo que se convierte en un acto puro de generosidad.

Dios demuestra su amor por nosotros en esto: en que cuando todavía éramos pecadores, Cristo murió por nosotros.," Juan nos dice, "Así manifestó Dios su amor entre nosotros: En que envió a su Hijo unigénito al mundo para que vivamos por medio de él."

¿Cómo amó Dios incondicionalmente al mundo? Envió a su hijo Jesús al mundo para que muriera por nosotros, para salvarnos de las consecuencias de nuestros errores. Para Dios, el amor es algo hecho—no sólo algo que se siente o es afirmado.

Ninguno de nosotros merece ese tipo de sacrificio—pero cada uno de nosotros lo necesita(ba). La mayoría estaría de acuerdo en que nadie es perfecto. Pero Dios es perfecto. Así que para que Dios nos lleve a una relación de amor recíproco con él, tenemos que cambiar. Así que, a través de la vida y muerte de Cristo, él nos perfecciona. Él hace por nosotros incondicionalmente lo que nosotros no podemos hacer por otros o nosotros mismos.

Dios demuestra su amor incondicional por cada uno de nosotros al proveer una manera para que todas las personas puedan ser completas. Esa "manera" es Jesús, y es quien afirmó,

> *"Yo soy el camino, la verdad y la vida. Nadie llega al Padre sino por mí." – esto es "Amor Incondicional"*

"EL PODER DEL AMOR Y EL PERDÓN"

1 Corintios 13
Nadie puede progresar material, emocional, física o espiritualmente si tiene "cuentas pendientes por arreglar con segundas personas". Para que me entienda, debemos poner en orden nuestras vidas, o trabajaremos en vano, sino arreglamos esas situaciones que nos perjudican y producen raíces de amarguras en nuestros corazones.

Mis padres Américo y Felicita Avilés fueron un gran ejemplo para sus hijos. Específicamente los últimos tres hermanos, nacimos en un ambiente totalmente Cristocéntrico, con enseñanza Bíblica.

Mi madre trabajó muchos años como secretaria Ejecutiva de Radio Redentor, una gran emisora Cristiana en Puerto Rico. También fungía como una gran líder en la congregación a la que asistíamos. Mi padre era un gran predicador, maestro, evangelista, un ministro de la Palabra de Dios. Nos inculcaron ese temor hacía nuestro Dios. Era tanto el deseo de mis padres que fuéramos músicos que fué lo que aprendimos desde chicos. Gloria a Dios por los padres que ven el futuro de sus hijos y pueden invertir en ellos para poder desarrollar el deseo de ser líderes.

Amor y el Perdón...
La historia de papi, según me fue contada.

Mi padre nació Agosto 30 del 1930, en el barrio "Maná" de

un pueblito en la isla de Puerto Rico, llamado "Barranquitas". Un pueblo muy pintoresco y hermoso en el centro de la Isla. Mi padre desde pequeño fue encaminado en una doctrina cristiana. Todas las tías y primos asistían a una iglesia de el pueblo. Los otros hermanos de mi papá, mis tíos, tomaron el camino de la senda ancha y la vida fácil. Lo cual provocó malas consecuencias a sus vidas. Mi padre nunca pasó por ese sendero que conduce a la perdición. Bien claro el evangelista Mateo escribe en el capítulo 7:13-14:

> "Entrad por la puerta estrecha; porque ancha es la puerta, y espacioso el camino que lleva a la perdición, y muchos son los que entran por ella; porque estrecha es la puerta, y angosto el camino que lleva a la vida, y pocos son los que la hallan."

En su juventud logró ser parte del ejército de los Estados Unidos, y defender a nuestra nación en la guerra de Korea. Estando en entrenamiento se enfermó de los nervios lo que provocó fuera dado de baja honorablemente del ejercito de los Estados Unidos. Automáticamente recibe indemnización por parte del Gobierno Federal. Llegando a Puerto Rico nuevamente, comenzó su carrera de detective privado llevándolo a trabajar en las mejores empresas de seguridad en Puerto Rico.

Conoció a mi madre y formaron su matrimonio. Producto de esa unión nacimos David y yo. Ya mi padre tenía tres hijos de otros matrimonios anteriores Sammy, Vanesa y José (papo) Avilés.

Mi padre llegó a ser propietario de una empresa de seguridad, y dueño de una repostería en el pueblo de Carolina, Puerto Rico. El mucho trabajo y las ocupaciones hicieron que se olvidara poco a poco de sus primeros comienzos y las enseñazas bíblicas. Bien dice la Palabra cuando nos advierte en Deuteronomio 8:11-20:

> "11 Cuídate de no olvidarte de Jehová tu Dios, para cumplir sus mandamientos, sus decretos y sus estatutos que yo te ordeno hoy; 12 no suceda que comas y te sacies, y edifiques buenas casas en que habites,
>
> 13 y tus vacas y tus ovejas se aumenten, y la plata y el oro se te multipliquen, y todo lo que tuvieres se aumente; 14 y se enorgullezca tu corazón, y te olvides de Jehová tu Dios, que te sacó de tierra de Egipto, de casa de servidumbre;
>
> 15 que te hizo caminar por un desierto grande y espantoso, lleno de serpientes ardientes, y de escorpiones, y de sed, donde no había agua, y él te sacó agua de la roca del pedernal; 16 que te sustentó con maná en el desierto, comida que tus padres no habían conocido, afligiéndote y probándote, para a la postre hacerte bien;

> **17 y digas en tu corazón: Mi poder y la fuerza de mi mano me han traído esta riqueza. 18 Sino acuérdate de Jehová tu Dios, porque él te da el poder para hacer las riquezas, a fin de confirmar su pacto que juró a tus padres, como en este día.**
>
> **19 Mas si llegares a olvidarte de Jehová tu Dios y anduvieres en pos de dioses ajenos, y les sirvieres y a ellos te inclinares, yo lo afirmo hoy contra vosotros, que de cierto pereceréis. 20 Como las naciones que Jehová destruirá delante de vosotros, así pereceréis, por cuanto no habréis atendido a la voz de Jehová vuestro Dios."**

En el año 1968 mis padres reciben a mi hermano José (papo) en nuestra casa, por que su mamá no lo podía controlar y decide enviarlo a Puerto Rico para ver si mis padres pueden trabajar con el. José era mi hermano mayor. Era un muchacho precoz, cargado de problemas emocionales, e hiperactivo. Mis padres se hicieron cargo de su cuidado. Lo matricularon en un colegio Bautista, mientras mi padre seguía atendiendo los negocios y las empresas.

A la edad de tres años, yo no entendía mucho lo que sucedía. Tengo muy vaga la historia de lo que viví.

Un día del mes de Abril del año 1969, mi padre esperaba que mi hermano José, llegara del colegio y tan pronto entra por la puerta de nuestra casa le dice: "No salgas a jugar con tus amiguitos que necesito platicar contigo algunos asuntos relacionado a tus asignaturas." Cuando terminó de hablar con mi hermano se marchó. Tan pronto salió por la puerta del frente, mi hermano salió por la parte posterior de nuestra casa, para ir a jugar a una propiedad que estaba en construcción cerca de la casa de mis padres.

En esa construcción mi papá ofrecía sus servicios de seguridad. En ese tiempo, toda esa área de Jardines de Country Club, en Puerto Rico, estaba en pleno desarrollo y mi padre tenía guardias de seguridad en todas las construcciones.

Mi hermano Papo jugaba con otro amiguito en esa construcción. Mi hermano mayor apenas tenía once años y el otro niño quizás unos diez años.

Cuando de repente un individuo empleado del mismo proyecto raptó a los dos niños. El niño de diez años logró escapar. Mi hermanito no tuvo la misma "suerte". Un empleado de la empresa de seguridad de mi padre se percata de la situación y en vez de socorrerlo, le dijo al niño que había escapado: *"Quédate aquí en lo que voy a avisar al Capitán Avilés"*. Ese tiempo fue suficiente para que este individuo corriera a el pantano de la laguna San José, arrastrando a mi hermanito, después de sodomizarlo y estrangularlo produciéndole la muerte. Luego lo sepultó en un lugar donde estaban las tuberías de aguas que van debajo de la tierra. La voz se corrió y comenzó la búsqueda. Fueron momentos de angustia y desesperación para toda la familia. Mi primo-hermano Luis Vázquez, (que hoy en día mora con nuestro Salvador) encontró el cadáver de mi hermano. Mi padre venía de camino con su alma desgarrada, no era para menos.

Dicen los vecinos que mi padre al llegar dio un grito espantoso de dolor, de quebranto, al ver que su hijo, de tan solo once años estaba muerto. Peor aún, verlo en las condiciones que lo encontró. Fue una escena desgarradora, muy triste, terrible el dolor que pasaba un hombre de tanto poder gubernamental y poder material. Pero eso de nada sirvió para devolver la vida a mi hermano. ¿De qué vale atender lo material y pasajero y nuestra alma se pierde espiritualmente? *"Hay camino que al hombre le parece derecho; Pero su fin es camino de muerte" Dice* Proverbios 14:12

Al otro día Samuel Millán Flores, el asesino de mi hermano, se presentó al trabajo como si nada hubiese pasado. Indicativo de que estuvo bajo los efectos de algún estupefaciente alucinógeno cuando cometió tan horrendo crimen. Fue arrestado y hubo causa probable. La ira y el odio se apoderó de mi padre. Lo único que pensaba era en vengar la muerte de mi hermano. Sin embargo durante esos treinta días que duró el juicio, mi papá nunca pudo hacer nada en contra de este depredador.

Fueron muchas las oportunidades que tuvo mi padre para agredir a éste individuo, incluso entraba armado a la sala de la corte y nada permitía que actuara en contra de Samuel Millán. Finalmente, este hombre fue encarcelado. Sentenciado a Cadena Perpetua. Ciento diez y nueve años de cárcel en Máxima Seguridad. Dejando una familia destruida y caminando hacia un…
Desierto.

Con el pasar de los meses la situación se hizo más difícil. Mi padre enloqueció. Abandonó las empresas, los negocios y a su familia. Ahora comenzaba una verdadera agonía para nosotros. El alcohol vino a ser el "compañero" inseparable de mi padre, provocando en él más ira, violencia, contienda y hasta abuso físico en contra de mi madre. Vagamente recuerdo, como les mencioné antes, de situaciones que como un chiquillo tenía que soportar. Mi hermano David y yo vivimos situaciones muy difíciles. El odio crecía en el corazón de mi padre. La desgracia y la pobreza hicieron su entrada triunfal a nuestras vidas. Y finalmente, lo perdimos todo…

Mis padres se apartaron de la perfecta voluntad de mi Dios. Ya casi no íbamos a la Casa de Dios y las cosas en el hogar era un verdadero caos. Era un ambiente de hostilidad, no había gozo, no había alegría. Todo se veía oscuro, no había claridad. Era tanta la necesidad económica que esta situación provocó en nuestro núcleo familiar que todo comenzó a escasear. Tuve que ayudar a mis padres vendiendo galletas, y periódicos a mi temprana edad. Mi papá en su locura y deseo de venganza buscaba a la familia de Samuel Millán para hacerles daño. Ya había identificado la casa donde vivía su familia y estaba planificando prenderle fuego a la casa con todos adentro. Día y noche, ebrio, llevaba la gasolina en un galón para perpetrar la acción, pero nunca Dios permitió que tomara venganza.

Cierto día cuando ya no podía más con la carga, miró al cielo. "Dios Mio, por favor ayúdame, perdóname exclamó". La respuesta del cielo no se hice esperar. La palabra dice: *"Clama a mi y yo te responderé"*. Mi papá se volvió a encontrar con Cristo. ¡Alabado sea el Señor! Su vida cambió, todo comenzó a ser diferente. Mi papá podía decir: *"De modo que, si alguno está en Cristo, nueva criatura (nueva creación) es; las cosas viejas pasaron, ahora han sido hechas nuevas."* 2 Corintios 5:17

Comenzamos a perseverar en una congregación en Carolina, Puerto Rico. Papi compartía su testimonio donde quiera que lo invitaban. Mi padre crecía en gracia y en sabiduría junto con mi madre. Comenzó a estudiar la Palabra y Dios se le revelaba de muchas formas a su vida. Comenzó a tener sueños dónde se veía pidiendo perdón y perdonando al que había asesinado a mi hermano. ¿Como sería posible? Pensaba.

El Encuentro…

Mi madre Felicita seguía trabajando en Radio Redentor en Puerto Rico. Mi padre ya no podía desempeñarse como empresario. Trataba y fracasaba. La administración de Veteranos lo había "pensionado" por lo cual esperaba un 100% de incapacidad para poder tomar la pensión del ejército y los retroactivos que le pertenecían.

Para que el poder de Dios pueda manifestarse en su totalidad y su Gracia abunde hay que cerrar capítulos en nuestras vidas para que otros se puedan abrir.

Mateo 6:33 dice: *"Mas buscad primeramente el reino de Dios y su justicia, y todas estas cosas os serán añadidas."*

Es imposible avanzar si el odio se apodera de nuestros corazones. No podemos decir que amamos a Dios y aborrecemos a nuestro hermano. Cristo fue el mayor ejemplo para nosotros, fue despreciado, maltratado, torturado y como un corderito nunca abrió su boca. Fue crucificado y allí llevó todos nuestros pecados, enfermedades, cargas para redimirnos de toda transgresión. Que mejor ejemplo que el de Nuestro Salvador. Eran tantos los sueños que las incógnitas parecían no tener contestación en mi padre.

En cierta ocasión mi papá le cuenta el testimonio a un gran

siervo de Dios. El Evangelista Gregory Velázquez quien tenía un ministerio de predicación con los confinados de la prisión de máxima custodia en la cárcel de Bayamón, Puerto Rico. Gregory quedó tan impactado con lo que escuchó de labios de mi padre, que sin que nadie se enterara comenzó a preparar un encuentro entre mi padre y la persona que había asesinado a mi hermano.

Éste encuentro se dió en el año 1975, cuando Gregory llega a mi casa y le dice a mi papá: *"Américo, quiero que me acompañes a visitar una persona a la cárcel Regional de Bayamón."*

Llegaron a la Correcional de Bayamón, Puerto Rico. Mi padre se quedó en una sala de espera mientras Gregory hacía los arreglos pertinentes para que pudiera entrar donde estaban los confinados. Lo menos que se esperaba mi papá era encontrarse con el que le había quitado la vida a mi hermano. De repente se escucha una voz por los alto-parlantes llamando al señor Américo Avilés para que se presentara en la capilla de la prisión. Inmediatamente llegó Gregory corriendo y le dijo: *"Américo prepárate por que te vas a reunir con Samuel Millán Flores, la persona que mató a tu hijo."*

Mi padre se quedó en silencio por unos minutos. Esto lo había tomado por sorpresa. Un momento muy difícil para él, sin recibir preparación emocional alguna, fue muy fuerte. Pero todo estaba en el plan perfecto de Dios. Entendió que era el momento adecuado para cerrar éste capítulo en su vida y quedar libre. Fueron minutos los que pasaron hasta llegar a la capilla. Minutos que le parecieron una eternidad. Al llegar a la capilla había dos filas de guardias. Una silla en el medio, y allí sentaron a mi padre. En ese momento la Palabra de Dios de Mateo 5:23-24 llegó a su mente.

> "**23** Por tanto, si traes tu ofrenda al altar, y allí te acuerdas de que tu hermano tiene algo contra ti, **24** deja allí tu ofrenda delante del altar, y anda, reconcíliate primero con tu hermano, y entonces ven y presenta tu ofrenda."

Fueron los peores minutos de su vida, por un lado, el Espíritu Santo le decía: *"Tienes que perdonar, debes perdonar"*, y por otro lado el enemigo le ponía las escenas de mi hermano muerto. Eso sucedió tantas veces, hasta que llegó Samuel Millán Flores. Cuando mi padre lo vio, el amor y la misericordia de Cristo se manifestó en él. El hombre se veía desmejorado en su aspecto, triste y angustiado. Sintió compasión por él. Se le acercó y le preguntó: ¿Sabes quién soy? Mirándole a la cara contestó. No, no sé quien es usted. "Yo soy Américo Avilés, el padre del niño que tú mataste". El rostro de aquel hombre palideció al escuchar aquella declaración y rápidamente comenzó a dar voces de dolor y de agonía: Exclamó con grito aterrador: "Yo no lo quería hacer, no lo quería hacer". Mi papá le dijo: *"no vine a contender contigo, vine para pedirte perdón y para perdonarte y decirte que hoy te amo cómo si fueras mi hijo"*. Allí mi padre lo abrazó y ambos lloraron. La lucha entre el Espíritu y la carne fue tan palpable, pero al final Cristo venció. Triunfó el amor y el perdón. Inmediatamente el rostro de ambos cambió. Hubo liberación. Amados, por que el poder del perdón es tan poderoso, que libera tanto al que lo ofrece, como a aquel que lo recibe. Mi padre salió de aquel lugar liberado y lleno de gozo. Y le agradeció al pastor Gregory Velazquez su osadía.

La raíz de amargura en mi padre se fue, y en mi casa volvió a reinar la paz. Posteriormente mi papá fué a ver la trabajadora social y psiquiatra en la Administración de Veteranos en Puerto Rico para decirles que ya él no necesitaba una pensión, que ya Dios había traido liberación a su vida, que había perdonado al que había asesinado a su hijo y que por lo tanto queria trabajar nuevamente. La psiquiatra lo miró y pensó que mi padre habia perdido la mente, que había enloquecido, que estaba hablando incoherentemente y de inmediato lo hospitalizó por treinta dias. Dios obra por senderos misteriosos por que tan pronto mi papá fué dado de alta el gobierno federal le aprobó todos los beneficios, era tanta la abundancia que yo no lo podía creer. Para obtener victoria hay que luchar, despues de mi Salvador mi papá es un héroe para mi vida. Es real, El perdón produce alivio, produce vida y veremos sus promesas cumplirse cuando perdonamos.

Mis padres han sido el mayor ejemplo de amor y perdón. Tanto mi hermano David como mi hermana Noemí, que fue el último regalo que llegó a nuestro hogar; mi esposa Desiré, mis hijos Thomas, Michael, mi nuera Chelsea y mis nietos Lailanee y Santino hemos sido testigos de el Poder de Dios en nuestra familia. Por eso no podemos tener ninguna situación adversa con nuestro prójimo, con nadie. La Palabra es clara en 1 Corintios 13 cuando habla de La preeminencia del amor.

> **13 Si yo hablase lenguas humanas y angélicas, y no tengo amor, vengo a ser como metal que resuena, o címbalo que retiñe. 2 Y si tuviese profecía, y entendiese todos los misterios y**

toda ciencia, y si tuviese toda la fe, de tal manera que trasladase los montes, y no tengo amor, nada soy.

3 Y si repartiese todos mis bienes para dar de comer a los pobres, y si entregase mi cuerpo para ser quemado, y no tengo amor, de nada me sirve. 4 El amor es sufrido, es benigno; el amor no tiene envidia, el amor no es jactancioso, no se envanece; 5 no hace nada indebido, no busca lo suyo, no se irrita, no guarda rencor; 6 no se goza de la injusticia, más se goza de la verdad. 7 Todo lo sufre, todo lo cree, todo lo espera, todo lo soporta. 8 El amor nunca deja de ser; pero las profecías se acabarán, y cesarán las lenguas, y la ciencia acabará. 9 Porque en parte conocemos, y en parte profetizamos; 10 más cuando venga lo perfecto, entonces lo que es en parte se acabará. 11 Cuando yo era niño, hablaba como niño, pensaba como niño, juzgaba como niño; más cuando ya fui hombre, dejé lo que era de niño. 12 Ahora vemos por espejo, oscuramente; más entonces veremos cara a cara. Ahora conozco en parte; pero entonces conoceré como fui conocido. 13 Y ahora permanecen la fe, la esperanza y el amor, estos tres; pero el mayor de ellos es el amor.

Si éste capítulo ha impactado tu vida, quiero que sepas que hasta hoy mis padres tienen vida, todavía Dios los tiene en esta tierra pero, quizás muy pronto no estaremos aquí. Por tanto te aconsejo que: Ames, perdona y olvida tu pasado si quieres ser feliz.

"El poder del Amor y el Perdón"

Luis Aviles - Americo Aviles

¿CONOCEMOS EL VERDADERO AMOR? (PRIMERA PARTE)

NO DIGAMOS QUE CONOCEMOS el amor o que amamos si no estamos dispuestos a permanecer amando a pesar de las circunstancias difíciles. El amor verdadero es sufrido. La mejor traducción es que permanece constante a pesar de la oposición.

No creamos que conocemos el amor o que amamos si no deseamos lo mejor para la persona amada, si no nos gozamos con su crecimiento y desarrollo. El amor verdadero es benigno, bueno, lleno de bondad y no es envidioso, pues no está enfocado en tu felicidad, sino en la bendición de la otra persona.

No actuemos como si nosotros fuésemos los mejores, más sabios, más maduros o superiores en algún sentido a la persona amada. El amor verdadero no es jactancioso, no se envanece, ni usa sus galardones, conocimiento, experiencia, recursos u otra cosa para imponerse sobre la persona amada. El amor es humilde.

No pensemos que el amar a una persona significa que ella estará dispuesta para hacer lo que nos venga en gana. El amor verdadero no hace nada indebido, no avergüenza, no humilla, no ofende, sino cuida, honra, protege a la otra persona. Si no eres capaz de cuidar el corazón de la persona que decimos amar, entonces no amamos a esa persona o no HEMOS CONOCIDO EL AMOR.

No busquemos nuestra propia satisfacción, felicidad,

comodidad y deseo. El amor verdadero se entrega por la otra persona. Encontramos gozo en ver que la otra persona es bendecida, crece, madura, avanza. Si no somos capaces de permanecer en oración e intercesión constante por la persona amada, entonces no la amamos verdaderamente. El amor no busca su propio beneficio.

No nos equivoquemos: si no podemos soportar pacientemente los errores de la persona que amamos, entonces no la amamos. El amor verdadero no se irrita, no pierde la paciencia, sino entiende que tanto esa persona como nosotros somos pecadores propensos a fallar. El amor verdadero cubre multitud de pecados.

No guardemos la cuenta de las ofensas que hemos recibido de la persona que decimos amar. Si no somos capaces de perdonar y restaurar la relación, si siempre guardamos recelos, temores, desconfianza, entonces no amamos verdaderamente. El amor verdadero no guarda rencor. La mejor traducción es que el amor no guarda un registro de las ofensas recibidas, sino que perdona completamente. Perdona porque ama y ama, aunque no encuentre respuesta.

"continuara mañana................"

Luis Avilés
Septiembre 14, 2015 6:40 am

¿CONOCEMOS EL VERDADERO AMOR? (SEGUNDA PARTE)

NO NOS CONFUNDAMOS PENSANDO que el amor es solo un sentimiento bonito para pasar un momento de "Koinonia". El amor verdadero se goza en la verdad, no en la maldad e injusticia. Busca un crecimiento, tiene un propósito. Si no somos de bendición para que la persona que amamos crezca, sino que la distraemos de su caminar con Dios, no la amamos. Igual si la persona que decimos amar nos distrae en vez de enfocarnos y potenciar nuestro llamado, pasión y dedicación al Señor.

El amor verdadero no es solamente, romance, mariposas y felicidad. Este se fortalece en momentos críticos y se coloca entre la persona amada y las situaciones difíciles para protegerla. ¿Amamos a una persona? Entonces vamos a morir por esa persona en oración, rogando y poniéndola delante del Señor. Vamos a proteger su corazón, su vida y vamos a hacer todo lo posible por cuidar su vida, corazón, llamado, ministerio y todo lo que le rodea. No nos rendimos por la persona amada, sino que peleamos y luchamos por su amor.

El amor verdadero confía. No hay confianza sin conocimiento ni comunicación. ¿Amamos a una persona? Entonces confiamos en esa persona, nos embarcamos en el proceso de conocerla profundamente, sin espantarnos, ni nos impacientamos por lo que encontramos. El amor verdadero confía, cree y se expresa.

El amor verdadero es capaz de esperar el tiempo que sea necesario. El tiempo es una de las mayores pruebas para el amor. ¿Amamos a una persona? Entonces somos capaces de esperar pacientemente por esa persona. La impaciencia, la ansiedad son evidencias de un amor distorsionado, egoísta que quiere a la persona solo por las sensaciones que puede producir su cercanía, no por amor verdadero a esa persona. El amor verdadero sabe esperar.

El amor verdadero es capaz de soportarlo todo. Enfermedades, problemas, crisis, defectos, conflictos, debilidades, pecados, etc. El amor verdadero no se basa en las emociones, sino en el cimiento estable de un carácter transformado por la palabra de Dios y el suministro constante de poder del Espíritu Santo en la vida de un creyente que busca conformarse a la imagen del Señor Jesucristo. ¿Amamos a una persona? Si es verdadero es porque somos creyentes maduros que amamos a Dios y busca bendecir a la persona amada, darlo todo por esa persona y juntos servir, adorar y bendecir al Señor.

"continuara mañana..............."

Luis Avilés
Septiembre 15, 2015 6:45 am

¿CONOCEMOS EL VERDADERO AMOR? (TERCERA PARTE)

ESPERO QUE ESTAS PALABRAS lleguen a lo más profundo de los corazones de aquellos que lean y apliquen los estatutos que hay en la palabra de Dios.

No pensemos que nacemos sabiendo amar: ¡para nada! Nacemos en pecado, perdidos en nuestra maldad; y aun como creyentes, nacidos de nuevo, necesitamos aprender a amar como Dios manda. Muchas veces preferimos escondernos bajo nuestra coraza de temor y egoísmo antes de arriesgarnos a amar a una persona imperfecta y pecadora como nosotros. Otros preferirán las orillas del amor, contentándose con el romanticismo, pero sin profundizar a un compromiso mayor, porque piensan que luego podrían encontrar a alguien mejor. Algunos no se arriesgan a amar por temor a salir heridos, a ser rechazados, a ser engañados. El verdadero amor echa fuera el temor, la desconfianza, la duda y la incredulidad.

LA CRUZ es donde encontramos la definicion, el significado y el ejemplo supremo del amor

Pero mis amigos, la Biblia nos enseña que el verdadero amor es mucho mas profundo, hermoso y tiene un efecto sanador en nuestras vidas; porque se requiere que el que quiera amar, primero debe conocer a Dios, porque Él es amor. Dios diseñó el amor entre dos personas como una vía poderosa para crecer en santidad, porque mientras amas, creces espiritualmente a la imagen del Señor Jesús.

No podemos predicar algo que no vivimos, no podemos profesar algo que no practicamos. Hay que sacar esa nube de nuestros ojos para poder ver con claridad nuestros defectos, nuestras debilidades, nuestros hábitos religiosos que nos estorban conocer El Verdadero Amor que cambia, moldea y transforma nuestras vidas.

Que Dios haga resplandecer su rostro sobre nosotros y nos de el privilegio de profundizar en el verdadero amor. Que seamos sincero al evaluar nuestro corazón y ver si lo que vemos allí es amor verdadero. Que pongamos a prueba a nuestro corazón para saber si realmente hemos conocido a Dios y le amamos. Si no es así, nunca conoceremos EL VERDADERO AMOR.

> "El amor es sufrido, es benigno; el amor no tiene envidia, el amor no es jactancioso, no se envanece; no hace nada indebido, no busca lo suyo, no se irrita, no guarda rencor; no se goza de la injusticia, más se goza de la verdad. Todo lo sufre, todo lo cree, todo lo espera, todo lo soporta" (1 Corintios 13: 4-7)

Luis Avilés
Septiembre 16, 2015 6:35 am

"DIME COMO ESTÁ TU CORAZÓN Y TE DIRÉ QUE VAS A DECIR"

HACE UNOS DIAS RECIBÍ un mensaje precioso por Facebook de un amigo que vive en República Dominicana, después de leerlo y alegrarme por sus palabras solo quedaron en mi mente esto que escribió: ...de la abundancia del corazón habla la boca!

El versículo es muy claro, si estamos llenos de amor, pues veremos a todos con ese amor que tenemos en el corazón, seremos agradecidos, y vamos a querer que todos estén bien y sean felices como nosotros, ver a Cristo y pensar que diría Cristo en nuestro lugar, pero si por el contrario tenemos un corazón resentido, que no ha perdonado y que no sabe pedir perdón, lleno de complejos, amarguras, defensivo, no acepta corrección, es víctima todo el tiempo, siempre se siente perseguido, ese contenido es el que vamos a poner en nuestra boca, y cada vez que nos expresemos, lo vamos a hacer con eso que abunda en nuestro corazón, hablaremos con resentimiento, con rencor, con odio hasta de nosotros mismos.

> El hombre bueno, del buen tesoro de su corazón saca lo bueno; y el hombre malo del mal tesoro de su corazón saca lo malo; porque de la abundancia del corazón habla la boca
> Mt 12:34

La boca pronuncia lo que el corazón apunta. La auténtica puerta para ver es nuestro corazón, no nos elevamos por encima de nuestras palabras, nuestras palabras reflejan lo que tenemos en nuestro corazón y que nutre nuestras vidas, por eso, con cada palabra debemos revisar nuestro corazón.

Cuanto más lleno tengamos nuestro corazón de buenos deseos, de buenas intenciones, de anhelos generosos menos espacio tendremos para los egoísmos y envidias. El corazón nunca está vacío, no soporta el vacío, necesariamente está lleno de algo. Cada uno de nosotros podemos ver de qué tenemos lleno el corazón y como dice Jesucristo: de la abundancia del corazón habla la boca. Un corazón lleno de Dios es un corazón lleno de gratitud, sabe que Dios le ama, y siempre encuentra bendiciones. El corazón desagradecido desconfiado, incrédulo no ve ni el perdón, ni la bondad, ni la misericordia, no tiene donde asirse. Sólo si en mi corazón hay fe, esperanza, confianza, amor podré esparcirla en lo que haga. Un corazón rencoroso, es como un sótano oscuro y frío, donde se acumulan trastes viejos, inservibles, que solo sirven para juntar polvo, telas de araña, polillas, en donde no provoca estar.

Cada vez que nos encontremos haciendo un mal comentario de algo o de alguien debemos revisar nuestro corazón y así poco a poco, ir limpiándolo de todo desperdicio, inservible, que estará esperando el momento para salir por nuestra boca. Y que solo va a ocupar un lugar que podría ser para un pensamiento noble.

La Palabra de Dios es vida en sí misma, cuando se guarda en el corazón, así que hoy, haz el ejercicio de revisar tu corazón, limpiarlo, comienza perdonando o pidiendo perdón para que todo pensamiento de rencor salga de ahí, te aseguro que quedara casi vacío y luego comienza a dejar que Dios te lo llene, y veras la diferencia. Recuerda …

"Dime como está tu corazón y te diré que vas a decir"

Luis Avilés

"ES INEXPLICABLE EL AMOR DE DIOS"

HAY MUCHOS PARADIGMAS Y pensamientos incorrectos respecto al amor. A veces nos concentramos más en las palabras que en las acciones y nos volvemos demasiado sentimentales. Entonces nos ofendemos por cualquier cosa y necesitamos que nos digan constantemente cuánto nos aman. Claro que decirlo es importante, pero demostrarlo es mucho mejor. Así que debemos aprender a manejar nuestros sentimientos y sentimentalismo. En el deporte, por ejemplo, vemos que hay rudeza entre los jugadores y muchas veces el entrenador ofrece las instrucciones con palabras directas, incluso agresivas, pero nadie se lo toma como una ofensa personal. Por el contrario, en la iglesia, donde supuestamente debemos estar convencidos del amor de Dios y de los hermanos, nos ofendemos por cualquier cosa. Esto debe cambiar en la medida que aprendamos sobre el verdadero amor.

Jesús demostró con Su vida el amor que Dios le impartió para la humanidad. Lo que sí pidió fue que nos amáramos unos a otros como Él nos ha amado, así que expresó con palabras y obras que nos amaba.

Ser cariñoso y romántico es bello. Al inicio y al final del día yo abrazo a mi esposa Desiré. Le digo: "Ven acá, dame mi abrazo". Yo la amo y se lo demuestro con mis palabras y acciones. Pero a veces nuestra convicción sobre el amor de alguien es tan débil que necesitamos más de las palabras y cariños que de las acciones concretas. Ama sin condiciones o manipulaciones. En la iglesia sabemos que la expresión: "Quiero decirte algo en el amor de Cristo", significa que nos dirán algo desagradable para lo que debemos prepararnos. No utilices el amor de Dios para manipular a las personas, expresa lo que debas decir en tu nombre, no en nombre del Señor.

La expresión más grande del amor de Dios es haber dado a Su Hijo para que tuviéramos vida eterna. Aquel que no ama a sus semejantes no puede decir que conoce a Dios porque Él es amor. Así que la señal inequívoca de un verdadero cristiano es amar y entregarse sin reservas, sin medida y sin condiciones. Si realmente amas, no tendrás problema con esperar, creer y confiar en tus semejantes, porque el amor verdadero se expresa de esa forma. Cuando una persona amada te dice que cambiará su conducta equivocada, tú debes confiar plenamente en que así será, porque el amor todo lo espera y esa actitud de fe, tarde o temprano, provocará el cambio en los demás. Ama a tu familia y a tus semejantes, demostrándoles que tienes fe en ellos y en su cambio positivo.

"Es Inexplicable el Amor de Dios"

Luis Avilés
Septiembre 29, 2015 6:40 am

"MI MEJOR AMIGO ES DIOS"

Dios nos creó para vivir continuamente en su presencia; pero después de la caída, esa relación ideal se estropeó. Sólo unas pocas personas en el Antiguo Testamento tuvieron el privilegio de la amistad divina. A Moisés y Abraham se les llamó "amigos de Dios", de David se nos dice que para Dios era "un hombre conforme a su corazón", y Job, Enoc y Noé tenían una amistad íntima con Dios. Pero en el Antiguo Testamento, el temor de Dios predomina más que la amistad.

Jesús cambió esa situación. Al pagar nuestros pecados en la cruz, el velo del templo que simbolizaba nuestra separación de Dios se rasgó de arriba abajo, como señal de que el acceso directo a Dios estaba nuevamente abierto.

A diferencia de los sacerdotes que debían prepararse durante horas antes de reunirse con Él, nosotros ahora podemos acercarnos a Dios en cualquier momento. La Biblia dice que "ahora tenemos la maravillosa alegría del Señor en nuestras vidas, gracias a que Cristo murió por nuestros pecados y nos hizo sus amigos"

No será posible desarrollar una relación estrecha con Dios si sólo asistimos a la "iglesia" una vez a la semana y no tiempo a solas con Dios. La amistad con Dios se cultiva cuando compartimos todas nuestras vivencias con Él.

Por supuesto que es importante establecer el hábito del devocional diario con Dios, pero Él quiere ser más que una cita en nuestra agenda. Quiere ser incluido en cada actividad, en cada conversación, en cada problema y hasta en cada uno de nuestros pensamientos. Es posible mantener una conversación continua con Él y "a la espera de su respuesta" durante todo el día, comentándole lo que estamos haciendo o pensando en ese momento. "Oren sin cesar" implica conversar con Dios mientras realizamos las compras, conducimos el automóvil, trabajamos o desarrollamos cualquier otra tarea cotidiana.

Dios consideraba a Job y a David sus amigos porque valoraban su Palabra por encima de todas las demás cosas, y pensaban en ella continuamente en el transcurso del día. Job admitió: "Del mandamiento de sus labios no me he apartado, he atesorado las palabras de su boca". David dijo: "La enseñanza del Señor es perfecta, porque da nueva vida… los preceptos del Señor… traen alegría al corazón". y "constantemente están en mis pensamientos; no puedo dejar de pensar en ellas". Mi mejor amigo es Dios.

"Mi mejor amigo es Dios"

Luis Avilés
Noviembre 24, 2015 6:05 am

"EL AMOR CUBRE TODA FALTA"

> 1 Pedro 4:8 Sobre todo, sed fervientes en vuestro amor los unos por los otros, pues el amor cubre multitud de pecados.

TENEMOS QUE APRENDER QUE lo que importa en este momento son las relaciones. Primero con nuestro Dios y Salvador y luego con nuestro prójimo, hermano y amigo. De hecho, la Biblia dice que la vida sin amor no vale de nada y es desperdiciada:

> "Si no tengo amor, de nada me sirve darles a los pobres todo lo que tengo. De nada me sirve dedicarme en cuerpo y alma a ayudar a los demás." 1 Corintios 13:3

Si sabemos que el amor es así, ¿por qué no tenemos tiempo para las personas que amamos? Porque estamos ocupados. Damos lealtad de primera clase a causas de segunda clase. Y empezamos a descuidar nuestras relaciones matrimoniales, familiares y la más importante nuestra relación con Dios.

Pero nada puede tomar el lugar del amor. La vida no es sobre horarios balanceados o logros o reconocimientos. La vida es acerca del amor. No dejes que las ocupaciones te hagan olvidar de esto.

"El amor cubre toda falta"

Luis Avilés
Agosto 9, 2016 7:15am

"TE QUIERO MUCHO VS TE AMO MUCHO"

A veces veo como padres(madres) le escriben a sus hijos "TQM♡".

¿Dónde está el verdadero Amor?
¿Habrán conocido al Dueño del Amor?
Dudo que si no saben el significado del verdadero Amor puedan amar a Dios, solo "quieren a el Creador". 1 Juan 4:8

> 8 El que no ama, no ha conocido a Dios; porque Dios es amor. 1 Corintios 13

La preeminencia del amor
> 13 Si yo hablase lenguas humanas y angélicas, y no tengo amor, vengo a ser como metal que resuena, o címbalo que retiñe.

"Te quiero mucho vs TE AMO MUCHO"

Luis Avilés
26 de Julio 2016 7:40 am

"EL AMOR QUE SANA Y CORRIGE"

ESA MUJER FUE SORPRENDIDA en el momento que iba a cometer un error, aquellos RELIGIOSOS la trajeron frente a Jesús. El Maestro no abrió su boca para perder su valioso tiempo con religiosos que solo se memorizaban la Torah (Ley de Moisés 613 preceptos, 248 positivos y 365 negativos) como parte de la costumbre Judía pero podemos ver que ninguno conocía al Libertador, Perdonador y Autor de la vida que hablaban los profetas que ellos memorizaban.

El Mesías habló a su pensamiento, sólo bajó al nivel de ellos, al suelo, escribió en la tierra, ninguno de esos religiosos pecadores pudo levantar una piedra en contra de otro pecador.

Cristo solo con AMOR, COMPASIÓN le dijo: Mujer, ¿dónde están los que te acusaban? ¿Ninguno te condenó?

Ella dijo: Ninguno, Señor. Entonces Jesús le dijo: Ni yo te condeno; vete, y no peques más.

Aqui vemos en Juan 8, dos aspectos importantes: el Amor Compasivo y el Amor que sabe Corregir de nuestro Salvador. El padre que ama sana y corrige. En la corrección del maestro nunca hubo: señalamiento, "disciplina", dogmatismo, hacerla sentir mal.

Nuestro Dios es un Dios de Amor, y su amor es Eterno, que no tiene principio ni tiene fin.

"Amor que Sana y Corrige"

Luis Avilés

"1 CORINTIOS 13"
(SERIE AMOR)

"SI HABLO LAS LENGUAS de los hombres y aun de los ángeles, pero no tengo amor, no soy más que un metal que resuena o un platillo que hace ruido. Y si tengo el don de profecía, y entiendo todos los designios secretos de Dios, y sé todas las cosas, y si tengo la fe necesaria para mover montañas, pero no tengo amor, no soy nada. Y si reparto entre los pobres todo lo que poseo, y aun si entrego mi propio cuerpo para tener de qué enorgullecerme, pero no tengo amor, de nada me sirve.

Tener amor es saber soportar; es ser bondadoso; es no tener envidia, ni ser presumido, ni orgulloso, ni grosero, ni egoísta; es no enojarse ni guardar rencor; es no alegrarse de las injusticias, sino de la verdad. Tener amor es sufrirlo todo, creerlo todo, esperarlo todo, soportarlo todo.

El amor jamás dejará de existir. Un día el don de profecía terminará, y ya no se hablará en lenguas, ni serán necesarios los conocimientos. Porque los conocimientos y la profecía son cosas imperfectas, que llegarán a su fin cuando venga lo que es perfecto.

Cuando yo era niño, hablaba, pensaba y razonaba como un niño; pero al hacerme hombre, dejé atrás lo que era propio de un niño. Ahora vemos de manera indirecta, como en un espejo, y borrosamente; pero un día veremos cara a cara. Mi conocimiento es ahora imperfecto, pero un día conoceré a Dios como él me ha conocido siempre a mí.

Tres cosas hay que son permanentes: la fe, la esperanza y el amor; pero la más importante de las tres es el amor.

"Amor" 1 Corintios 13

Luis Avilés

"CRECIENDO EN LA PALABRA, GRACIA Y SU AMOR" SERIE AMOR

"...para que anden como es digno del Señor, agradándole en todo, llevando fruto en toda buena obra, y creciendo en el conocimiento de Dios." Colosenses 1:10

¡El conocimiento de Él comienza en su Palabra!

Dios a través de esta carta nos dice que debemos poner nuestra esperanza en los cielos, en su poder, su Presencia y en la eternidad que viviremos a su lado. Para después mencionar que necesitamos en nosotros la palabra del Evangelio, ¿por qué? Porque esta Palabra desde el instante en que la escuchamos nos permite conocer primeramente su gracia, esto es, el cómo un Dios inmensamente grande, poderoso y rico (sin necesidad de nada ni de nadie) decidió llenarnos de su vida y poder para vivir en libertad y conocerle.

¡Su Palabra requiere Inteligencia Espiritual!

Dios nos anima a que oremos para que seamos llenos del conocimiento de su voluntad en toda sabiduría e inteligencia espiritual para que andemos como es digno de Él, y ¿cómo anda uno de esta manera? La carta a los colosenses nos sigue diciendo que debemos buscar agradarle en todo, reproduciendo buenas obras y creciendo en el conocimiento de Él. En unas cuantas palabras Dios nos recalca que debemos ser llenos y crecer en su conocimiento. ¿Cómo logramos esto? Necesitamos orar, buscarlo y pedirle que nos dé la sabiduría e inteligencia para entender su Palabra.

Conocerle cambia nuestro estilo de vida

Dios puede cambiar nuestro estilo de vida. Una vez conociéndolo somos capaces de:
- Fortalecernos con todo poder conforme a la potencia de su gloria.
- Encontramos paciencia y longanimidad. ¿Qué significa longanimidad? tener grande y constante ánimo en las pruebas. Al conocerle en su Palabra aprendemos a esperar en Él, recibimos "grande" ánimo y ¡constante! Su Palabra es como un suero en nuestras venas al que estamos conectados día y noche, del cual recibimos vida, energías y fuerza continuamente.
- Recibimos su herencia para los santos.

"Creciendo en la Palabra, Gracia y su Amor"

¿Estaremos creciendo o nos hemos estancados como enanos espirituales en opiniones tergiversadas religiosas?

Luis Avilés
Pastor CDLF

"EL AMOR NO SE DICE SE DEMUESTRA"

Serie "Amor"
- ¡Amor es un Verbo de acción!
- No se puede decir te amo si no demostramos el amor ♡
- Amor no es maltratar
- Amor no es obligar
- Amor no es religiosidad
- Amor no es hipocresía
- Amor no es manipulación

La mayor muestra de Amor viene de nuestro Dios cuando envía a su Hijo a morir por nosotros. Por eso amamos porque Él nos amó primero.

Jesús NUNCA SE HIZO "¿PECADO", quien dijo tal semejante blasfemia?

Cristo llevó nuestros pecados sobre el madero:

> **1 Pedro 2:24**: "quien llevó él mismo nuestros pecados en su cuerpo sobre el madero, para que nosotros, estando muertos a los pecados, vivamos a la justicia; y por cuya herida fuisteis sanados."

Mi Salvador nunca fue maldito solo por los preceptos de la "ley":

> **Gálatas 3:13:** "Cristo nos redimió de la maldición de la ley, hecho por nosotros maldición (porque está escrito: Maldito todo el que es colgado en un madero,"

Hay que demostrar el Amor de Dios primero:
- Amando a Dios
- Amándonos
- Amar a nuestro prójimo

"El Amor no se dice se demuestra"

Luis Avilés
Pastor CDLF

"EL AMOR"

1 Corintios 13: "Si hablo las lenguas de los hombres y aun de los ángeles, pero no tengo amor, no soy más que un metal que resuena o un platillo que hace ruido.

Y si tengo el don de profecía, y entiendo todos los designios secretos de Dios, y sé todas las cosas, y si tengo la fe necesaria para mover montañas, pero no tengo amor, no soy nada.

Y si reparto entre los pobres todo lo que poseo, y aun si entrego mi propio cuerpo para tener de qué enorgullecerme, pero no tengo amor, de nada me sirve.

Tener amor es:
1. saber soportar;
2. es ser bondadoso;
3. es no tener envidia,
4. ni ser presumido,
5. ni orgulloso,
6. ni grosero,
7. ni egoísta;
8. es no enojarse,
9. ni guardar rencor;
10. es NO alegrarse de las injusticias, sino de la verdad
11. Tener amor es sufrirlo todo

12. creerlo todo,
13. esperarlo todo,
14. soportarlo todo.

El amor jamás dejará de existir.

Un día el don de profecía terminará, y ya no se hablará en lenguas, ni serán necesarios los conocimientos.

Porque los conocimientos y la profecía son cosas imperfectas, que llegarán a su fin cuando venga lo que es perfecto.

Cuando yo era niño, hablaba, pensaba y razonaba como un niño; pero al hacerme hombre, dejé atrás lo que era propio de un niño.

Ahora vemos de manera indirecta, como en un espejo, y borrosamente; pero un día veremos cara a cara. Mi conocimiento es ahora imperfecto, pero un día conoceré a Dios como él me ha conocido siempre a mí.

Tres cosas hay que son permanentes: la fe, la esperanza y el amor; pero la más importante de las tres es el amor."

Dios es AMOR…

Apóstol Pablo

ALABANZA

En el proceso de Adorarlo ... Dios comunica su presencia a los hombres.

C. S. LEWIS

"SIEMPRE DAR LA GLORIA A DIOS"

EL DESEO DE DARLE gloria a Dios va más allá de la alabanza y de la adoración. Decirle la verdad a Dios expresa Su gloria.

Cuando Jesús sanó a un hombre ciego de nacimiento, los Fariseos trataron de desacreditar a Jesús al mismo tiempo que parecían honrar a Dios. *"Entonces volvieron a llamar al hombre que había sido ciego, y le dijeron: 'Da gloria a Dios (diciendo la verdad); nosotros sabemos que ese hombre es pecador"* (Juan 9:24). Esperando arruinar el testimonio del hombre, los judíos lo acosaron. El hombre que hasta ahora había sido mendigo escogió un camino seguro, su propia experiencia. La franca confesión de este hombre proporcionó el peso de la simple verdad que la respaldaba, dándole gloria a Dios.

En el Salmo 96, toda la tierra debe darle gloria a Dios. Cuando Cristo completó Su obra en la tierra, entró a Su gloria en el cielo. Vestido con un manto de majestad y coronado con gloria, la belleza de la santidad es personificada en Jesucristo (Salmo 96:4-9). El salmista, David, parece estar convocando a los ángeles para darle gloria a Dios también, adorándolo en la belleza de Su santidad. Hasta en los truenos y las tormentas resuena la gloria de Dios (Salmo 29:1-3).

Damos Gloria a Dios en todo, por las bendiciones, por los milagros, por su Gracia, por las aflicciones, por las pruebas y por todo lo que hemos logrado. Todo es posible por su ETERNA Gracia, Voluntad y Misericordia.

"Siempre dar la Gloria a Dios"

Luis Aviles

"HAY PODER EN LA ALABANZA"

EL ENEMIGO TRATA POR todos los medios de cerrar nuestra boca cuando tratamos de Alabar y Adorar el nombre de nuestro Dios, la Sangre de nuestro Salvador, nuestro Libertador. El hace fiesta con aquellos que se dejan manipular creando en sus vidas argumentos de error-altivez (2 Corintios 10:5) creyendo que la alabanza debe ser "psíquica"(mental) y no PRONUNCIADA (verbal). Eso es una GRAN MENTIRA DEL MISMO INFIERNO.

Lo primero que tenemos que reconocer es nuestros errores y buscar la libertad que solo Cristo nos puede dar. La Palabra de Dios nos habla desde Genesis hasta Apocalipsis de el Poder Sobrenatural que hay cuando ABRIMOS nuestra boca sacrificando una alabanza. Hay LIBERACIÓN, HAY SANIDAD, SE MANIFIESTA EL PODER DEL ESPÍRITU SANTO, TODO PODER DE LAS TINIEBLAS SE TIENE QUE IR CUANDO LE ALABAMOS.

Josafat fue dirigido por Dios cuando tres pueblos se levantaban en contra de Israel para atacarlos.

2 Crónicas 20.

> "Entonces el Espíritu de Jehová vino sobre Jahaziel, uno de los levitas, y les dio las instrucciones:Oíd, Judá todo, y vosotros moradores de Jerusalén, y tú, rey Josafat.

> **Jehová os dice así: No temáis ni os amedrentéis delante de esta multitud..........**

¡¡¡CLAMARON CON VOZ MUY FUERTE!!!

Josafat y todo el pueblo reunido se postraron rostro en tierra y adoraron delante de Jehová. No era sólo un susurro silencioso. Algunos de los levitas se pusieron de pie y alabaron al Señor con alta y muy fuerte voz. Al clamar a Dios por ayuda no debe ser sólo un murmullo; haz oír tu voz muy fuerte.

Temprano a la mañana siguiente, hicieron como se les había instruido y salieron al desierto de Tecoa. Para animar al pueblo Josafat se levantó y dijo: «Oídme, Judá y moradores de Jerusalén. Creed en Jehová vuestro Dios, y estaréis seguros; creed a sus profetas, y seréis prosperados.»

El rey Josafat tenía una estrategia especial. Nombró a hombres para que cantaran y alabaran al Señor. ¿Dónde ubicó a esos hombres? ¡Salieron a la cabeza del ejército!

MARCHARON AL RITMO DE ALABANZA

¡Imagina la posesión! Quizá marcharon al ritmo del tambor, pero en primer lugar marcharon al ritmo de alabanza: «Glorificad a Jehová, porque su misericordia es para siempre.»

¿Qué pasó cuando comenzaron a entonar cantos de alabanza al Señor? Dios puso las emboscadas de los enemigos que venían contra los de Judá, y fueron derrotados. Los ejércitos invasores terminaron destruyéndose unos a otros.

¡¡Ofrece sacrificio de Alabanza!!
"Hay Poder en la Alabanza"

Luis Avilés
Pastor CDLF

"ALABEMOS AL REY DE REYES, SEÑOR DE SEÑORES"

Quizás yo no tenga el conocimiento completo para describir la Supremacía de mi Salvador, pero si tengo el temor hacia Él.

Jesús alcanza el nivel de lo que es "súper". En nuestro lenguaje se refiere a aquello (o aquél) que es lo más grande en poder, autoridad o rango. También se usa para describir aquello (o aquel) que tiene la mayor importancia, relevancia, carácter o logro, lo máximo.

En todas estas áreas de consideración, Jesús figura como lo máximo o lo supremo, supremo en poder, rango, gloria, autoridad, importancia, etc.

Cristo es la suprema revelación de Dios: "Dios, habiendo hablado hace mucho tiempo, en muchas ocasiones y de muchas maneras a los padres por los profetas, en estos últimos días nos ha hablado por su Hijo, a quien constituyó heredero de todas las cosas, por medio de quien hizo también el universo. Él es el resplandor de su gloria y la expresión exacta de su naturaleza y sostiene todas las cosas por la palabra de su poder" (He. 1:1-3).

La supremacía de Cristo es su preeminencia sobre los profetas del Antiguo Testamento. Aquellos profetas hablaron la Palabra de Dios, pero Cristo es la Palabra de Dios. No es un simple profeta dentro de una larga lista. Él es el Profeta por excelencia. Él es el resplandor de la gloria de Dios. Es la expresión de la imagen de la persona de Dios, Aquel que lleva el "imago dei" o IMAGEN DE DIOS de forma suprema.

Jesús es supremo sobre todas las cosas, porque Él es "el primogénito de toda creación" y Él es Soberano sobre toda Su creación. Como "primogénito" Jesús es el Mesías-Dios (Salmo 89:27-29). Jesucristo no fue creado, pero es el Creador, que es Soberano sobre toda su creación.

Jesús es supremo porque "en Él fueron creadas todas las cosas" (Col. 1:16-17). "Todas las cosas fueron creadas por Él", y "para Él", y "en Él todas subsisten" Todo en el universo sigue existiendo, por Él (Juan 1:3, Heb. 1:2; Apoc. 3:14). Cristo reina sobre toda la creación, visible e invisible, material y espiritual.

Jesucristo es supremo porque Él es la cabeza de Su iglesia.

Jesús es supremo porque Él es "el primogénito de entre los muertos" (Col. 1:18; Apoc.1:5). Porque Él vive, a Él se le da preeminencia y supremacía sobre toda la

creación. Él es exaltado sobre toda la creación por Dios el Padre "en el lugar más alto" y se le ha dado "un nombre que es sobre todo nombre. . . para la gloria de Dios Padre "(Fil 2:9-11).

Además, Él es supremo porque "toda la plenitud habita en Él" (Col. 1:19). "Por cuanto agradó al Padre que en él habitase toda plenitud." Dios en Cristo Jesús en toda Su plenitud se complació asumir Su cuerpo. "Plenitud" significa "completo." Pablo dice que la plena y completa deidad habita, permanece supremamente y permanente en Jesucristo. Él es el absoluto y perfecto Dios.

Jesucristo es supremo, porque también tenemos paz para con Dios por su sangre. Dios no está reconciliado con nosotros, somos reconciliados con Él por medio de Jesucristo.

Esa preeminencia y exaltación suprema de Jesucristo debe causarnos que surjamos espontánea y sucesivamente en alabanza, adoración y culto a nuestro Salvador a partir de ahora y por toda la eternidad.

"Alabemos al Rey De Reyes, Señor de Señores"

Luis Avilés
Junio 13, 2016 (desde junio 3 hasta hoy) 8:05am

"MAS QUE AGRADECIDO"

¡Te amo mi Señor, eres mi fortaleza!
Me has amado desde antes de mi nacimiento. Me has escogido de los llamados.
Has marcado mi senda, tus palabras
fueron guardadas en mi corazón.
Cada mañana al despertar y en las noches antes de irme
a dormir, eres mi primer y último pensamiento.
Desconectado de tu presencia no puedo estar.
Lejos de ti mi vida solo es hoja suelta que lleva el viento.
Porque estoy destinado para ser por siempre Tu hijo.
Tú eres el dueño de mi vida, mi alma, mi mente y mi corazón.
Mis ojos al ver tu sol reconocieron tu resplandor.
No quiero vida fuera de ti, ni un mundo diferente si en él no te encontraras tú.
Porque en el paraíso de tu gracia es donde yo recibo
el amor que por siempre he soñado y deseado.
Gracias por ser en mi vida la fuente inagotable de paz,
el río de donde fluye y proviene todo lo bueno que tengo.
Todo lo que soy, lo que tengo es porque Tú me lo has dado.

¡¡¡Te amo Señor!!!

"Mas que Agradecido"

Luis Avilés
Diciembre 2, 2015 6:25 am

"SE AGRADECIDO Y ALABA"

"Dad gracias en todo, porque esta es la voluntad de Dios para con vosotros en Cristo Jesús. 1 Tesalonicenses 5:18"

La gratitud es un fruto del Espíritu Santo, que se manifiesta en la vida de los que llegan a ser cada día más semejantes a Jesús. Ser agradecido en todo tiempo. Agradecer a nuestros amigos cuando recibes algun regalo, agradecer la amistad y el amor que recibes de ese amigo. Agradecer a esa compañía porque tienes trabajo y puedes llevar alimento a tu casa. Agradecer a toda tu familia por estar ahí en todo tiempo. Pero tenemos que Agradecer a Dios en todo tiempo por permitir todo lo anterior escrito.

En la Biblia hay dos palabras que están siempre unidas: "agradecer" y "alabar". Esta última palabra significa aprobar lo que Dios hace, aunque eso esté contra de lo que nos gustaría que sucediese. Este aparente milagro sólo puede suceder en el corazón de alguien que conoce a Jesús por experiencia propia.

¿Estás triste? Alaba el nombre de Jesús y verás que la tristeza desaparecerá como la niebla cuando el sol sale en todo su esplendor. ¿Estás atribulado? Canta un cántico de gratitud a Dios, y sentirás salir en tu corazón la fuerza que sólo Jesús es capaz de inspirar para caminar victorioso en medio del dolor.

Si hoy estás enfrentando algún momento doloroso en tu vida, se agradecido y prueba con la alabanza. Conserva un cántico en tu corazón. Puede ser que el momento doloroso no desaparezca, pero tu actitud ante el dolor cambiará. Enfrentarás la dificultad con la seguridad de que no estás solo y de que todo lo que está sucediendo, por más negro que parezca, es porque Dios en su infinito amor así lo permite. Esta actitud te permitirá ver las dificultades en su realidad, y entonces serán mucho menores de lo que imaginamos.

"Se Agradecido y Alaba"

Luis Avilés
Noviembre 26, 2015 7:15 am

"NO TE DETENGAS DE ABRIR TU BOCA PARA DAR A DIOS SU ALABANZA"

¿Por qué?:
- Suceden cosas maravillosas,
- Hay liberación,
- Se rompen cadenas,
- El enemigo no puede resistir la alabanza,
- Hay sanidad,
- La presencia del Señor se siente con más poder.

Salmos 89:15

> Feliz es el pueblo que conoce el gozoso gritar. Oh Jehová, en la luz de tu rostro ellos siguen andando. Juan 4:23

> No obstante, la hora viene, y ahora es, en que los verdaderos adoradores adorarán al Padre con espíritu y con verdad, porque, en realidad, el Padre busca a los de esa clase para que lo adoren. Salmos 50:23

> El que ofrece acción de gracias como su sacrificio es el que me glorifica; y en cuanto al

que guarda un camino fijo, ciertamente le haré ver la salvación por Dios". Hebreos 13:15

Mediante él ofrezcamos siempre a Dios sacrificio de alabanza, es decir, el fruto de labios que hacen declaración pública de su nombre. Salmos 100:2

Sirvan a Jehová con regocijo. Entren delante de él con un clamor gozoso. Efesios 5:19

Hablándose a sí mismos con salmos y alabanzas a Dios y canciones espirituales, cantando y acompañándose con música en el corazón a Jehová,

"No te detengas de abrir tu boca
para dar a Dios su Alabanza"

Luis Avilés
Pastor CDLF

AVANZAR

Los justos siguen avanzando, y los de manos limpias se vuelven cada vez más fuertes.

JOB 17:9

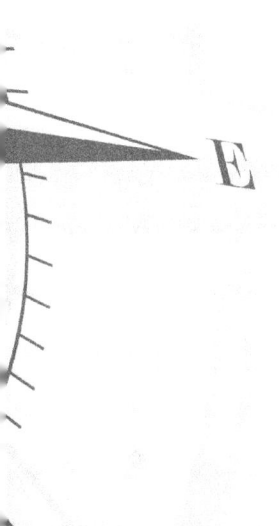

"PERSISTENCIA, DETERMINACION, CONSISTENCIA Y PERSEVERANCIA"

LA PERSISTENCIA, CONSISTENCIA, DETERMINACION y perseverancia son cualidades de Acero del carácter de un Lider. Es al carácter de un Lider Cristiano lo que el carbón es al acero. Son cualidades que van de la mano con todos los grandes éxitos de la vida.

El coraje para persistir y perseverar frente a la adversidad y la desilusión, es la cualidad responsable de un mayor número de triunfos. Sus atributos personales más grandes pueden ser su voluntad y decisión de mantenerse al frente de cualquier empresa, meta que decida emprender. De hecho, la persistencia es la verdadera medida de su creencia en sí mismo y su habilidad para triunfar.

Las caídas y las crisis son inevitables en su vida. Si usted se está moviendo hacia la realización de sus objetivos es muy posible que ENFRENTE CRISIS CON CIERTA REGULARIDAD. En el intermedio de estas crisis inevitables habrá una sucesión continua de problemas y dificultades. Entre más cosas intente, más grandes serán sus metas, más decidido estará usted a lograr el exito y por lo tanto, experimentará más problemas y crisis. Thomas Edison intento 9,999 veces la creación o invención de la bombilla. No te rindas!!

En 25 años de matrimonio que llevamos mi esposa Desire y este servidor hemos aprendido a ser perseverantes y determinados en nuestras desiciones. Aunque venga la marea, los vientos, las adversidades nada nos arrastra o nos desvia hacia la meta que nos hemos propuesto alcanzar. Te caes y te levantas....

Cuando tenemos como lider a Jesus tomamos como ejemplo su peregrinar, su trabajo aqui en la tierra, sus crisis, las dificultades, las traiciones, la persecusion de los Religiosos, la lucha diaria ante el espiritu de religiosidad de hombres sin escrupulos que seguian las leyes, ciegos porque no podian aceptar que ese ERA EL ENVIADO DE DIOS, EL HIJO DE DIOS. Ese es el mejor ejemplo que podemos tomar para seguir hacia adelante y no dejarte vencer ante esos gigantes. Si nuestro Maximo Lider, Jesus, llego a la meta, debemos aprender que tambien Tu lo Puedes Lograr.

"Persistencia, Consistencia, Determinacion y Perseverancia"

Luis Aviles
Septiembre 22, 2015 6:50 am

"BUMPY RIDE"

LLEGASTE A ESE LUGAR llamado casa de Dios, comenzaste un nuevo peregrinar en este mundo, vas caminando de lo mas bien cuando de repente el Capitán te dice: *"Hay turbulencias en el Camino"*

Hay situaciones en nuestro caminar que invade nuestro corazón y lo desalientan en su andar. Yo no puedo más, conmigo no cuenten, esto es más fuerte que yo, no tengo capacidad, yo no sirvo, me rindo, se acabó. Por describir de alguna manera lo que ocurre dentro de nosotros cuando emergen las olas que golpean, las nubes que provocan el avance, la madurez y el crecimiento de nuestra vida en cualquiera de las dimensiones en las que va explotando y desarrollándose nuestro ser, nuestra existencia.

¿Qué hacemos con estas turbulencias?

Son reales, no las podemos callar, no las podemos evitar, no las podemos reprimir. En todo caso hay que proseguir, pero no con una calma y un orden infantil sino con una actitud superadora. La superación de éstas dificultades consiste en creer que el camino que estamos recorriendo es el camino que tenemos que recorrer y que la dificultad es solo un momento por donde debemos atravesar para purificar nuestra decisión, es en esas DIFICULTADES que Dios se glorifica en nuestra determinación de ir a donde tenemos que ir.

No existe tarea humana en que no tengamos situaciones, turbulencias. Esto lo podemos trasladar a lo cotidiano de cada día y encontramos estas nubes, olas que golpetean y provocan la turbulencia. Paciencia. El saber que es un momento, el poner la mirada en la meta que es el Blanco de la Soberana Vocación nos permite superar la dificultad. Es lo que al principio hizo Pedro y después dejó de hacer. Tenía puesta la mirada en Jesús y mientras miraba la meta a donde estaba llamado a ir Pedro avanzó. Cuando Pedro puso la mirada en las olas Pedro se hundió. Miremos hacia la meta y no le aflojemos en nuestro camino de avanzar hasta donde Dios nos quiere llevar para hacernos madurar y crecer.

"Bumpy ride"

Luis Avilés
Pastor CDLF

"SIGUE MARCHANDO, NO TE DETENGAS EN EL CAMINO, SIGUE ADELANTE..."

> "Mira que te mando que te esfuerces y seas valiente; no temas ni desmayes, porque Jehová tu Dios estará contigo en dondequiera que vayas. Josué 1"

¡No te detengas en el camino! ¡¡¡No importa cuántas veces hayas caído no importa, sino... Cuántas veces te has levantado!!! ¡Lleva en tu mente la certeza de que cuando una puerta se te ha cerrado Otra más grande te espera abierta al final del camino!

Cuando sientas que las fuerzas te abandonan, recuerda otras veces, que sí estuviste sin ellas, ¡y milagrosamente las cosas se solucionaron! Y todo esto porque lo hiciste bien y con un corazón limpio, pero Sobre todo porque... ¡Dios Está Contigo!

Redobla tu fe y con ella alienta tu esperanza en la Seguridad de que el mañana será mucho mejor.

> *"Sigue marchando, No te detengas en el camino, SIGUE adelante..."*

Luis Avilés
Pastor CDLF

"ESTA CARRERA NO ES EL MÁS QUE CORRA, EL QUE MÁS HAGA, O EL QUE ALCANCE MÁS…"

Es Perseverar con Resistencia…

Mateo 24:13 *"MAS EL QUE PERSEVERE HASTA EL FIN, ESE SERÁ SALVO."*

ESCUDRIÑA LA MEJOR PROFECIA PARA TU VIDA

1 Corintios 9:24-27 "¿No sabéis que los que corren en el estadio, todos en verdad corren, pero {sólo} uno obtiene el premio? Corred de tal modo que ganéis."

Filipenses 2:16: "sosteniendo firmemente la palabra de vida, a fin de que yo tenga motivo para gloriarme en el día de Cristo, ya que no habré corrido en vano ni habré trabajado en vano."

Filipenses 3:14 "prosigo hacia la meta para {obtener} el premio del supremo llamamiento de Dios en Cristo Jesús."

Hebreos 12:1: "Por tanto, puesto que tenemos en derredor nuestro tan gran nube de testigos, despojémonos también de todo peso y del pecado que tan fácilmente nos envuelve, y corramos con paciencia la carrera que tenemos por delante,"

"Esta carrera no es el más que corra, el que más haga, o el que alcance más..."

Luis Avilés
Pastor CDLF

¡LO QUE SUCEDIÓ REALMENTE EN EL CALVARIO DE JESÚS, MONTE GÓLGOTA!

Hebreos 10.10-14

Si preguntamos qué sucedió el Viernes Santo, muchas personas pudieran señalar los eventos del Calvario de Cristo. Algunos podrían decir que Cristo fue clavado en una cruz, que soldados romanos se rifaron las vestiduras de Jesús y que tinieblas cubrieron la Tierra. Otros mencionarían la corona de espinas, el terremoto y a la madre de Jesús observando lo que debió haber sido terrible y desgarrador.

Pero no importa cuántos detalles visibles pudieran nombrarse, mucho más estaba pasando de lo que se podía ver: en la cruz, el pecado fue juzgado.

Al dar su primer mandamiento en el huerto del Edén, Dios advirtió que la desobediencia llevaría al castigo de la muerte (Gn 2.17). Así que, desde el principio, el juicio de Dios por el pecado fue profetizado, y más tarde estuvo también representado en el detallado sistema sacrificial que Él estableció. Bajo este sistema, cada transgresión requería que la sangre de un animal fuera rociada sobre el altar. La gravedad del castigo —el pago de una vida— era la manera de nuestro santo Dios de advertir cuán horrible y odioso es, en realidad, el pecado. Era también una prefiguración del Cordero de Dios, quien vendría a llevarse el pecado del mundo (Juan 1.29).

Jesucristo era, en la cruz, lo que era ese cordero en el altar, pero con una diferencia significativa: bajo el viejo pacto, cada vez que se cometía pecado, un animal más tenía que morir. En cambio, Jesús se ofreció voluntariamente para expiar el pecado de todo el mundo (He 7.27).

¡¡¡¡Ganó la batalla!!!!

En toda guerra o conflicto bélico hay un común denominador, es la lucha territorial. En esa cruz era el final del control del príncipe de este mundo, satanás no quería en ningún momento que El Maestro y Salvador de sus hijos llegara a esa Cruz, allí se batallaba, se peleaba por nuestras almas y no fue un momento fácil pero sí, Jesús Ganó la Batalla y pudo destronar a su adversario quitándole las llaves de la muerte y todo dominio de lo creado por Dios salvando a toda la humanidad de las garras de satanás.

Negarse a aceptar el sacrificio expiatorio de Cristo nos deja con la responsabilidad de pagar nuestra deuda por el pecado. ¿No quisiera usted dar gracias al Salvador por el regalo maravilloso que le ofrece, o recibirlo en este momento?

¡Seguimos en avanzada, Los amamos!

Luis Avilés
Pastor CDLF

"LA CARRERA EQUIVOCADA"

En hebreos la palabra de Dios habla de una carrera que se supone que nosotros los cristianos debemos de correr:

Hebreos 12:1-2

> "corramos con paciencia la carrera que tenemos por delante, puestos los ojos en Jesús, el autor y consumador de la fe, el cual por el gozo puesto delante de él sufrió la cruz, menospreciando el oprobio, y se sentó a la diestra del trono de Dios."

La carrera de la fe, que se supone que debemos de correr, es una carrera que corremos con paciencia, mirando a Jesús. Es una carrera cuyo objetivo y meta es el Señor Jesucristo. Esa es la carrera cristiana. Algo más que podemos extraer de lo que Pablo dice, es que no todos los que nos llamamos cristianos estamos corriendo esa carrera. Porque de otra forma, ¿por qué la exhortación "corramos.... la carrera"?

La pregunta que me hago es: ¿qué carrera estamos corriendo? ¿Hay otra?

Por lo tanto, hay dos carreras: la carrera cristiana, la carrera de la fe que la gente corre poniendo sus ojos en Jesús. La carrera de vivir una vida de obediencia en la Palabra de Dios. Esta carrera es completamente lo contrario a la carrera del materialismo, consumismo y secularidad, la carrera del mundo. La cosa es que a pesar del hecho de que nosotros los cristianos deberíamos saber de eso, caemos presos en la carrera de la secularidad, materialismo y consumismo. Creemos en un Dios que es un abuelo amable que nos consiente con sus regalos. Creemos en un Dios que ama y da pero no en un Dios santo. Por lo tanto, Dios se convierte en aquel del cual esperamos no solo el suplir nuestras necesidades – lo cual es una expectativa correcta – sino el ayudarnos a continuar la carrera equivocada. Queremos a ambos, Dios y al mundo, pero eso es imposible. Vamos a ver lo que dice Santiago:

Santiago 4:4

> "¿No sabéis que la amistad del mundo es enemistad contra Dios? Cualquiera, pues, que quiera ser amigo del mundo, se constituye enemigo de Dios."

Es imposible correr dos carreras al mismo tiempo, es imposible servir a dos amos, es imposible subirse a dos caballos. Tienes que escoger uno de los dos y como primer paso debes reconocer qué carrera estás corriendo. Si, vamos a la iglesia todos los domingos, pero eso en sí mismo no dice nada. Muchos de nosotros vamos a la iglesia, pretendemos tener una actitud y fingimos hacer las cosas, pero para el lunes en la noche ya no se acuerdan de lo que se predicó el domingo. Me parece que el mejor indicador de la carrera que estamos corriendo es lo que nuestro corazón, o mejor dicho, el espíritu de Dios en nuestro corazón, está diciendo. El acercarse a Dios trae vida. Acercarse al mundo trae muerte.

Dios es la única fuente de vida. Jesús dijo, aquellos que buscan su vida la perderán y aquellos que la pierdan la ganarán. Muchos de nosotros tratamos de salvar nuestras vidas. La manera de Jesús es perder tu vida para Dios, someterte a ti mismo a Dios, poner tus ojos en Jesús para que así encuentres lo que Jesucristo es, VIDA. Dios es la única fuente de agua viva. Es el único del cual provienen vida y paz y aquellos de nosotros que en algún momento u otro hemos estado cerca de Él, sabemos esto muy bien. Si Dios parece estar muy lejos, ¿podría ser que estemos corriendo la carrera equivocada? Entre más corramos la carrera equivocada más lejos estaremos de Dios.

¿En qué evangelio estas creyendo? ¿El evangelio de Jesucristo o el del materialismo, secularidad y consumismo?

> "examinémonos a nosotros mismos y volvamos a Dios"

> "corramos con paciencia la carrera que tenemos por delante, puestos los ojos en Jesús, el autor y consumador de la fe, el cual por el gozo puesto delante de él sufrió la cruz, menospreciando el oprobio, y se sentó a la diestra del trono de Dios."

> *"La carrera equivocada"*

"MOVING FORWARD"

TODA PERSONA TIENE SIEMPRE una meta a alcanzar y un camino que recorrer para lograr alcanzarla. El apóstol Pablo tenía una meta que había sido dada por el Señor y un camino a recorrer para lograr el objetivo. Él estaba dispuesto a llegar a la meta porque su entrega era genuina. La meta era que todo el mundo, en especial los no creyentes, conocieran al Señor Jesucristo como el Hijo de Dios, el Salvador, y le aceptaran como su Señor y luego le siguieran para obtener la vida eterna. El camino o método era la proclamación del Evangelio a toda criatura en todo tiempo y lugar. Él era consciente que, a pesar de haber hecho muchas acciones, aún no había logrado alcanzar esa meta. Faltaba mucho por realizar.

Pablo durante su caminar con el Señor había pasado muchas pruebas y dificultades, sin embargo, no se detenía a lamentarse. Él seguía hacia la meta que el Señor le había llamado a hacer. Él decidió realizar la tarea junto con otros discípulos, tuvo que discipular a muchos que se incorporaban a las filas del cristianismo. Supo doctrinar en la fe y en la misión a muchos seguidores, para luego entrenarlos para que realicen la Misión.

Ya que has puesto la mano en el Arado, no tornes tu mirada hacia atrás, mantente firme, mirando hacia adelante. Enfoca tu mirada a ese galardón que obtendrás cuando llegues al final del comienzo de la Vida Eterna. Cruza el Mar Rojo, habrá piedras por ese caminar, podrás caer, tropezar, pero no desvíes tu mirada hacia el blanco de la soberana vocación que es Cristo nuestro Salvador. No te detengas, todavía falta mucho por realizar.

"Moving Forward, Avanza"

"CRUZANDO AL OTRO LADO"

CRUZAR AL OTRO LADO del mar es caminar de la muerte, es huir de la muerte segura, significa alejarse de la seguridad hacia un área en la que únicamente puedes confiar en Dios. Algunas veces, caminar por fe parece como si estuvieras siendo llevado hacia tú propia destrucción. Sin embargo, cruzar el Mar es una herramienta poderosa que el Eterno usa para eliminar a los enemigos. Cruzar el Mar es una acción por medio de la cual confías en la gracia del Creador.

El enemigo puede perseguirte y acosarte, pero hay ciertos lugares a los que él no puede ir, no es conocedor de todo ni es todo poderoso. ¿Sabes? Para escapar de Faraón y todos sus agentes, necesitas ir adonde él no pueda seguirte. Cuando te levantas en sacrificio para Dios, atraviesas el Mar. Esto se debe a que pasas por un proceso de muerte y pérdida. Cuando cruzas el Mar, sacrificas tú futuro y te pones en las manos de Dios.

Cuando cruzas el Mar, eliminas a Faraones. Cuando mueres a ti mismo, a tus deseos, a tus necesidades y a tus aspiraciones, eliminas a Faraón y a todos los demás enemigos. Así fue como los hijos de Israel se deshicieron de todos sus enemigos, Jehová comenzó a pelear por ellos solo cuando entraron en el Mar.

Cuando no tienes miedo de sacrificarte y de caminar en el Mar; cuando mueres en Cristo, todos tus enemigos perecerán tras de ti. Si los israelitas se hubiesen quedado en el otro lado del mar, por el temor, el Faraón los habría capturado otra vez;

habrían sido asesinados en el desierto y el propósito de Dios no se hubiese cumplido. Atravesando el Mar …

"Cruzando al otro Lado"

Luis Avilés
Diciembre 1ro. de 2015 6:20 am

"NO TE DETENGAS SIGUE ADELANTE"

EL GRAN SECRETO DE la felicidad es no mirar hacia atrás, por más que el pasado haya sido bueno, demos pasos hacia adelante.

No seas conformista con tu situación, pide ayuda a Dios y a los que el ponga en tu camino. "Y dos ciegos que estaban sentados junto al camino, cuando oyeron que Jesús pasaba, clamaron, diciendo: ¡Señor, Hijo de David, ¡ten misericordia de nosotros!"

Si fallaste vuelve a intentarlo. Los hombres que consiguieron grandes cosas no lo lograron de la noche a la mañana, lo intentaron una y otra vez. Arriésgate no tengas miedo, date otra oportunidad de amar o en el trabajo en el estudio, en la empresa que quieres montar. No dejes que tu pasado te detenga, con Jesucristo somos nuevas criaturas, ya todo lo viejo paso, ahora solo tenemos un bello presente y un magnifico futuro.

Recuerda que el tiempo pasa y que la oportunidad que Dios te está dando hoy tal vez nunca la vuelvas a tener. La única forma de nunca detenernos y seguir siempre adelante es si sabemos que es lo que queremos, debemos tener una meta o un propósito claro y definido.

No te desanimes sigue intentando. "pero ellos clamaban más, diciendo: ¡Señor, Hijo de David, ¡ten misericordia de nosotros!" es fácil echarse a morir cuando se tiene problemas, lo difícil y grandiosos es decidir que hay que seguir luchando.

Se firme en lo que quieres no dejes que las circunstancias cambien lo que tanto anhelas.

Si no te detienes al final encontraras lo que tanto quieres. "Entonces Jesús, compadecido, les tocó los ojos, y en seguida recibieron la vista; y le siguieron."

Si te equivocas, no te detengas, sigue delante y triunfarás. La meta está más cerca de lo que tú crees.

"No te Detengas Sigue Adelante"

Luis Avilés
Septiembre 12, 2015, 7:15 am

"NOS VEREMOS EN LA META"

ME ACUERDO UNA VEZ cuando niño en mi escuela estaba mirando un maratón en que estaban corriendo unos de mis compañeros. Uno de ellos, que no era atleta, comenzó la carrera a una tremenda velocidad y dejó a todos bien atrás. Algunos de los espectadores, que no sabían mucho acerca de cómo se debe correr en un maratón, estaban aplaudiéndole, pensando que seguro él iba a ganar. Los otros atletas corrieron sin preocuparse del compañero que les había dejado atrás, sabiendo, por experiencia, que muy pronto se le iban a acabar sus fuerzas y que él saldría de la carrera. Así fue como después de poco tiempo él empezó a correr más y más despacio, hasta que los otros lo alcanzaron y lo pasaron. ¡Cansado y desanimado, mi compañero salió de la carrera! ¡Por lo menos el aprendió mucho acerca de la manera en que uno debe prepararse y correr en un maratón!

¡Cuántos hay que comienzan la CARRERA CRISTIANA con gusto y con una explosión de energía increíble y después de un tiempo salen de la carrera desanimados, desilusionados y frustrados!

Pablo escribió a algunos cristianos en Galacia, quienes eran culpables de esto, y dijo:

> "Vosotros corríais bien; ¿quién os estorbó para no obedecer a la verdad? (Gal. 5:7)

Parece que el error de tales personas es que quieren conocer todo lo de la Biblia en unas pocas semanas; quieren ser pastores o predicadores muy rápido y cuando descubren que la vida cristiana no funciona así, la dejan a un lado desanimados y frustrados. No se dan cuenta que el CONOCIMIENTO bíblico (para que sea útil) tiene que ir acompañado de la PRACTICA. Que es necesario asimilar este conocimiento en la experiencia cristiana diaria, así como en lo natural, uno tiene que digerir la comida que consumimos diariamente.

- El Atleta tiene que mantenerse en una buena condición física.
- El Atleta corre con la mirada puesta en la Meta
- El Atleta tiene que obedecer las Reglas de la Competencia
- El Atleta corre para Ganar
- El Atleta recibe Animo de los Espectadores
- Esta carrera es de Resistencia, vamos a paso lento pero agigantado. "NOS VEREMOS EN LA META"

"Nos Veremos en la Meta"

Luis Avilés
Diciembre 16, 2015 6:40 am

"PASA LOS OBSTÁCULOS, NO TE DETENGAS"

HAY MOMENTOS EN LA vida cuando la gente se detiene y deja de caminar. Ya sea que se rinda, tome un descanso o ya no pueda más. Hay instantes cuando las piernas se niegan a avanzar y el alma se paraliza.

- Un divorcio te puede mutilar las piernas del alma.
- Un fraude te puede golpear las rodillas de tu seguridad financiera.
- Un cáncer puede cortarte las alas de tus sueños.
- Un despido laboral te mutila los pies del futuro.
- La pérdida de un hijo puede ser devastadora.

Conozco la lona del ring, también me han contado hasta diez. Sé lo que hablo, también yo al igual que tú, he estado en la tierra de "sin esperanza" y también yo me he formado en la fila del "no hay remedio", pero ¿sabes una cosa? Regresé. Y ¿sabes cómo le hice? Sencillamente: seguí caminando.

Pero hoy hemos venido a traerte una palabra directamente del corazón de Dios para ti: "Sigue caminando, avanza; no te detengas".

- A pesar de tu situación extrema, de ese divorcio, ese despido, del fraude por el que has sido víctima: ¡sigue caminando!
- A pesar de tu origen, de tus dudas y de todos los obstáculos

que enfrentes: ¡sigue caminando! ¡Sigue caminando!
- A pesar de tus fracasos ¡sigue avanzando!
- A pesar de que todos los demonios del infierno se paren frente a ti: ¡no te detengas, sigue caminando!
- A pesar de que los ángeles dijesen que no hay lugar en el cielo para ti: ¡avanza! Porque ¡Dios tiene la última palabra!

Levántate, sacúdete, vuelve y toma tu Cruz y comienza a caminar….

"Pasa los obstáculos, no te detengas"

Luis Avilés
Diciembre 18, 2015 6:48 am

"NO NOS DETENDREMOS"

PODRÁN VENIR NUEVAS TEORÍAS, nuevas ideas, nuevas modas filosóficas, nuevos estilos de "adoración", pero nadie cambia mi creencia, mi convicción y relación con mi Dios.

Sigo predicando la Sana Doctrina a tiempo y fuera de tiempo. La verdad del evangelio es una, está escrita y ha sido revelada. No se puede inventar nada más.

Cristo es el que vino a la tierra, padeció, murió, resucitó, está a la diestra del Padre y viene en las Nubes para que nosotros su Iglesia nos encontremos con El, creo en la Trinidad, creo en su Palabra que es viva y eficaz, creo en la regeneración y santificación del Espíritu Santo en nuestras vidas, creo que somos salvos por su gracia y por la Fe, por su sacrificio en la Cruz y por aceptarlo como mi exclusivo Salvador.

¡¡¡Lo demás son Fábulas y cuentos de camino, prediquemos la Sana Doctrina del Evangelio que nos fue dada!!!

"Seguimos en avanzada"

"No nos detendremos"

"NO REGRESEMOS A EGIPTO"

PARA LOS CRISTIANOS DE hoy día, es vital no mirar atrás. Jesús destacó esta idea cuando cierto hombre le preguntó si antes de hacerse discípulo podía ir a despedirse de su familia. Esta fue su respuesta: "Nadie que ha puesto la mano en el arado y mira a las cosas que deja atrás es muy apto para el reino de Dios" (Luc. 9:62). ¿Fue Jesús demasiado brusco o exigente con él? No. Él sabía que su petición no era más que una excusa para eludir su responsabilidad, y por eso lo comparó a un labrador que "mira a las cosas que deja atrás". No importa si solo echa un vistazo rápido o si suelta el arado y se gira para mirar; en ambos casos está desatendiendo su obligación y puede dañar su trabajo.

1. En qué debemos concentrarnos.

   Es de suma importancia que, en lugar de fijar la atención en el pasado, nos concentremos en lo que tenemos delante. La Biblia dice sin rodeos: "En cuanto a tus ojos, directamente adelante deben mirar, sí, tus propios ojos radiantes deben mirar con fijeza directamente enfrente de ti" (Pro. 4:25).

2. Hay razón para no mirar hacia las cosas que dejamos atrás.

   Hay una razón muy poderosa para que los cristianos no miremos hacia las cosas que dejamos atrás. ¿Cuál? Que vivimos en

"los últimos días" (2 Tim. 3:1). Lo que se avecina no es la destrucción de dos ciudades depravadas, sino que pronto la Iglesia será levantada.

3. ¿Qué debemos hacer para no caer en el mismo error como la esposa de Lot?

Lo primero es identificar qué cosas de nuestro pasado pueden hacer que volvamos la vista atrás (2 Cor. 2:11).

Uno de los principales peligros es que idealicemos los viejos tiempos. Al pensar en cómo era nuestra vida antes, los errores involuntarios o voluntarios, situaciones vividas que no queremos rendir a Dios, la memoria puede traicionarnos llevándonos a exagerar los buenos recuerdos y minimizar en estado de negación los problemas del pasado. Esta visión distorsionada del ayer puede hacer que nos invada la nostalgia. Pero la Biblia advierte: "Nunca preguntes por qué todo tiempo pasado fue mejor. No es de sabios hacer tales preguntas"

Cuando afrontamos problemas, no debemos idealizar el pasado pensando que la vida que llevábamos, incluso antes de conocer la verdad, era mejor. Claro, no hay nada de malo en que meditemos en nuestros actos pasados para aprender de ellos o que reflexionemos con cariño en los buenos recuerdos. La Biblia es clara cuando nos dice:

"No os acordéis de las cosas pasadas, ni traigáis a memoria las cosas antiguas…" Isaías 43:18. Pero es importante que mantengamos una perspectiva realista, entendiendo que vuestro adversario anda como león rugiente buscando a quien devorar.

"No regresemos a Egipto"

Luis Avilés
Agosto 23 de 2016 11:00pm

"NO TE RINDAS"

> **Efesios 6:12 "Porque no tenemos lucha contra sangre y carne, sino contra principados, contra potestades, contra los gobernadores de las tinieblas de este siglo, contra huestes espirituales de maldad en las regiones celestes"**

Este versículo nos enseña que nuestro verdadero enemigo es invisible; los caminos del enemigo son engañosos. Sin embargo, gracias a la Palabra de Dios estamos advertidos acerca de esto para no ser sorprendidos. (2 Corintios 2:11.)

Si logramos entender y estar al tanto de esta guerra espiritual, estaremos mejor preparados para enfrentar ventajosamente las batallas de la vida diaria. Sus verdaderas luchas toman lugar en el ámbito espiritual al enfrentar las fuerzas sobrenaturales del enemigo. Debemos estar convencidos que cuando enfrentamos ataques de parte de hombres de esta tierra, ese ataque viene dirigido por fuerzas invisibles que están detrás del escenario visible, esas fuerzas adversarias son fuerzas superiores a la de aquellos que vemos frente a nosotros. En este aspecto esas gentes no son en efecto su verdadero problema o enemigo; ellos son simplemente víctimas e instrumentos del enemigo, a quienes el usa convenientemente para avanzar su causa.

No te dejes amedrentar, sigue peleando la buena batalla que pronto vencerás.

"No te Rindas"

Luis Avilés
Abril 8, 2016 5:45am

"QUE EL MIEDO NO TE DETENGA"

Filipenses 1:6: 6 ...estando persuadido de esto, que el que comenzó en vosotros la buena obra, la perfeccionará hasta el día de Jesucristo;

¿Te ha llamado Dios a hacer algo de lo que no te sientes capaz? ¿Se te ocurren cientos de personas que serían más aptas que tú para esa tarea? No importa lo que pienses porque Dios no ha elegido a nadie más que a ti, con tus limitaciones e inseguridades. A Él no le sorprende tu incompetencia porque *"Su poder se perfecciona en la debilidad"* (2 Corintios 12:9).

Anoche leía algo que toco las fibras de mi corazón:

Jon Walker comenta: "Puede que ocultes tus debilidades de los demás, pero no puedes esconderlas de Dios. Él te creó (¿crees que cometió un error?). Te creó con debilidades para que sigas siendo humilde, son ellas las que te hacen acercarte a Dios y sin ellas te enorgullecerías, aunque al mismo tiempo no te permitirá que las pongas como excusa para no cumplir tu misión ni para pasar por alto tu propósito. Si Dios te llama a desempeñar una tarea extraordinaria, te equipará y el Espíritu Santo realizará Su obra en tu interior. Así que aférrate a Sus fuerzas, no a las tuyas. No te fijes en lo incapaz que eres para esa misión. Recuerda que Dios es mayor que cualquier dificultad que se te presente, por muy abrumadora que pueda parecer". John Walker

La Biblia dice que somos "creados en Cristo Jesús para buenas obras, las cuales Dios preparó de antemano para que anduviéramos en ellas" (Efesios 2:10). Los planes del Señor nunca son un "por si acaso". Te creó con un designio específico y Aquel "que ha comenzado en TI, una labor tan excelente, la llevará hasta terminarla" (Filipenses 1:6). Por eso, en lugar de dejar que el miedo te detenga, haz que te motive a levantarte y avanzar. (Moving Forward)

"…MATEO SE LEVANTÓ Y LO SIGUIÓ"

La recaudación de impuestos era un trabajo lucrativo para los romanos, pero para un judío como Mateo eso conllevaba traicionar a su pueblo, por lo que era despreciado por sus compatriotas y excluido de los actos religiosos. Pero eso no le impidió a Jesús llamarlo a ser discípulo. Y Mateo no dudó, "se levantó y lo siguió".

Si eres como yo, muchas veces estarás temeroso de lo que pueda haber detrás del telón del llamado de Dios. Me frustra que Él no me deje echarle un vistazo. Él mantiene el telón de nuestro futuro bajado para que aprendamos a vivir por fe y no por vista, a fin de que estemos seguros de lo que esperamos y tengamos la confianza de que Dios obra en nuestras circunstancias actuales aunque no lo percibamos".

"Que El Miedo No Te Detenga"

Luis Avilés
Enero 25, 2015 6:40 am

"SIGO A JESÚS, NO VUELVO ATRÁS"

LA DECISIÓN DE SEGUIR a Cristo no es nada fácil, sino que cuesta, porque va unida a la renuncia del "Yo", del EGOCENTRISMO, va unida a la ruptura del mundo y los deseos de nuestra carne y el pecado. Es por tanto que el fruto de la FIDELIDAD será la vida Eterna. El deseo de Vivir para nuestro Salvador y seguirle es saber que hemos decidido hacer la guerra al reino de las tinieblas, por eso son muchos los que comienzan y luego salen de las filas por no tener claro su Lealtad y Fidelidad dejando atrás al que abrazaron a nuestro Capitán Jesús de Nazaret.

Aún dentro de las congregaciones hay muchos que SIGUEN sus propias opiniones, sus tradiciones, sus conceptos errados adquiridos por herencia rutinaria, sus concupiscencias, sus deseos de la carne, sus malos hábitos de "religiosos", sus malas costumbres, sus impiedades, persisten en murmuraciones, injurias, calumnias, sus manipulaciones y se OLVIDAN DE SEGUIR AL LÍDER DE LÍDERES, AL DADOR DE LA VIDA QUE MURIO EN UNA CRUZ POR TÍ Y POR MÍ, ¡¡¡¡¡¡Cristo!!!!!!

"Sigo a Jesús, No vuelvo atrás"

Luis Avilés
Junio 4, 2016 6:00 am

"SIGUE CAMINANDO, SIGUE SUS PISADAS"

SEGUIR A JESÚS NO representa solamente una vida a la espera de recibir bendiciones y excluida de los conflictos y tribulaciones de este mundo, tambien conlleva renunciar a uno mismo, tomando la cruz del desprecio y la crítica e incluso de la persecución por nuestra fe en Cristo; es necesario estar dispuesto a darlo todo, para ganar luego todo.

> Proverbios 4:26-27 "Examina la senda que siguen tus pies y sean rectos todos tus caminos. No te desvíes a la derecha ni a la izquierda; aparte tu pie del mal".
>
> Hebreos 12:13 "Y haced sendas derechas para vuestros pies, para que la pierna coja no se descoyunte, sino que se sane".
>
> Salmos 119:5 ¡Ojalá mis caminos sean afirmados para guardar tus estatutos!
>
> Proverbios 4:25 "Miren tus ojos hacia adelante, y que tu mirada se fije en lo que está frente a ti".

Proverbios 5:6 "No considera la senda de la vida; sus senderos son inestables, y no lo sabe".

Proverbios 5:21 "Pues los caminos del hombre están delante de los ojos del SEÑOR, y El observa todos sus senderos".

Luis Avilés

"NO TE DETENGAS SIGUE MARCHANDO"

Consejo numero 1:
"No dejes que la mentira detenga tu marcha. No puedes detener tu paso para escuchar al que habla mentiras, el de lengua viperina, manipulador, de mente perversa, al testigo falso."

Según el diccionario:
Tener una lengua viperina se refiere a aquellas personas que hablan mal de los demás, buscan hacer daño con lo que expresan, dicen cosas hirientes, crueles y malintencionadas. El termino viperino significa "semejante a una víbora, venenoso". Tener una lengua viperina está directamente relacionado con el vilipendio, el engaño, la calumnia y los chismes. NO TE DETENGAS.

Proverbios 6
Características del malvado
12 El que es malvado y perverso anda siempre contando mentiras;
13 guiña los ojos, hace señas con los pies, señala con los dedos;
14 su mente es perversa, piensa siempre en hacer lo malo y en andar provocando peleas.
15 Por eso, en un instante le vendrá el desastre; en un abrir y cerrar de ojos quedará arruinado sin remedio. Lo que el Señor aborrece
16 Hay seis cosas, y hasta siete, que el Señor aborrece por completo:
17 los ojos altaneros, la lengua mentirosa, las manos que asesinan a gente inocente,

18 la mente que elabora planes perversos, os pies que corren ansiosos al mal,
19 el testigo falso y mentiroso, y el que provoca peleas entre hermanos.

"2018 No te detengas sigue Marchando"

Luis Avilés
Pastor CDLF

"NO TE DETENGAS POR LAS MALAS INFLUENCIAS"

apártate, porque las malas influencias corrompen. Cuando hay alguien que quiere que pierdas el norte de tu vida ¡Sácalo! Ese que quiere matar tus sueños sácalo de tu vida. ¡No permitas que nadie mate tu sueño, te desvié o te detenga!"

> 1 Corintios 15:33 "No erréis; las malas conversaciones corrompen las buenas costumbres."

La Nueva criatura, y especialmente el joven, esta siendo atacado constantemente por satanás, a través de todo lo atractivo de este mundo y de agentes espirituales que están alrededor de cada uno. Estas son muchas y muy variadas y que las catalogamos como "malas influencias". Esto quiere decir que son cosas que influyen en la nueva criatura para hacerlo caer y nos neutralizan como "marionetas" controladas. Quiero mencionar algunas de estas "malas influencias": Amistades y Familiares cercanos, la Televisión, el amor a lo Material, el Internet. No son las únicas "malas influencias" que atacan a la juventud, al adulto, a la nueva criatura hoy en día, sino tambien nos hacen detener en nuestra trayectoria a la Tierra Prometida.

2 Corintios 6
1- Somos templo del Dios viviente

> "No os unáis en yugo desigual con los incrédulos; porque ¿qué compañerismo tiene la justicia con la injusticia? ¿Y qué comunión la luz con las tinieblas?

Proverbios 1
> 10 Hijo mío, si los pecadores te quisieren engañar,

No consientas.
> 11 Si dijeren: Ven con nosotros;
> Pongamos asechanzas para derramar sangre,
> Acechemos sin motivo al inocente;

Pero también tener cuidado con las personas moralmente buenas pero que no son cristianos. Porque, ¿Qué consejos nos podrían dar ellos a nosotros como Nuevas Criaturas, cuando ellos tienen otra fe, otras costumbres?

El enemigo está cada día descubriendo nuevas técnicas para hacer caer al cristiano y especialmente a los jóvenes. Recuerden las palabras de Pablo a su hijo en la fe Timoteo: *"Ninguno tenga en poco tu juventud, pero se ejemplo de los creyentes en palabra, conducta, amor, espíritu, fe y pureza. Entre tanto que voy, ocúpate en la lectura, la exhortación y la enseñanza. No descuides el don que hay en ti, que te fue dado mediante profecía con la imposición de las manos del presbiterio. Ocúpate en estas cosas; permanece en ellas, para que tu aprovechamiento sea manifiesto a todos. Ten cuidado de ti mismo y de la doctrina; persiste en ello, pues haciendo esto, te salvaras a ti mismo y a los que te oyeren".* 1 Timoteo 4:12-13

"No te detengas por las malas influencias"

Luis Avilés
Pastor CDLF

"NO TE DETENGAS" PT.2

DIOS HA DETERMINADO QUE nuestro verdadero destino sea la vida Celestial, nuestra estadía (las nuevas criaturas) aquí en la tierra es solo momentánea. Pero para llegar a esa Tierra Prometida que está preparada, tenemos que seguir a Cristo, su Hijo, no desviando nuestra mirada de la Cruz. Porque de aquí a la Tierra Prometida Cristo quiere transformarnos NUESTRA MENTE y ESPÍRITU.

Así que tengan cuidado de su manera de vivir. No vivan como necios sino como sabios, aprovechando al máximo cada momento oportuno, porque los días son malos.

> Efesios 5:15-16: "Ama al Señor tu Dios con todo tu corazón, con todo tu ser y con toda tu mente" —le respondió Jesús—.
>
> Mateo 22:37: Pero el hombre natural no acepta las cosas del Espíritu de Dios, porque para él son necedad; y no las puede entender, porque se disciernen espiritualmente. En cambio, el que es espiritual juzga todas las cosas; pero él no es juzgado por nadie. Porque ¿QUIEN HA CONOCIDO LA MENTE DEL SEÑOR, PARA QUE LE INSTRUYA? Mas nosotros tenemos la mente de Cristo.

1 Corintios 2:14-16: Porque la sabiduría de este mundo es necedad ante Dios. Pues escrito está: {Él es} EL QUE PRENDE A LOS SABIOS EN SU {propia} ASTUCIA. Y también: EL SEÑOR CONOCE LOS RAZONAMIENTOS de los sabios, LOS CUALES SON INUTILES.

1 Corintios 3:19-20: destruyendo especulaciones y todo razonamiento altivo que se levanta contra el conocimiento de Dios, y poniendo todo pensamiento en cautiverio a la obediencia de Cristo,

2 Corintios 10:5: Nadie se engañe a sí mismo; si alguno entre vosotros se cree sabio en este siglo, hágase ignorante, para que llegue a ser sabio.

1 Corintios 3:18: No te creas demasiado sabio; honra al Señor y apártate del mal:

Proverbios 3:7: En cuanto a la pasada manera de vivir, despojaos del viejo hombre, que está viciado conforme a los deseos engañosos, y renovaos en el espíritu de vuestra mente, y vestíos del nuevo hombre, creado según Dios en la justicia y santidad de la verdad.

Efesios 4:22-26: Y no os adaptéis a este mundo, sino transformaos mediante la renovación de vuestra mente, para que verifiquéis cuál es la voluntad de Dios: lo que es bueno, aceptable y perfecto.

Romanos 12:2: y os habéis vestido del nuevo {hombre,} el cual se va renovando hacia un verdadero conocimiento, conforme a la imagen de aquel que lo creó;

Colosenses 3:10: Él nos salvó, no por obras de justicia que nosotros hubiéramos hecho, sino conforme a su misericordia, por medio del lavamiento de la regeneración y la renovación por el Espíritu Santo,

Tito 3:5: Antes de nuestra llegada, físicamente también. Ese día, cuando parezca que hemos muerto, Él transformará nuestro cuerpo mortal en un cuerpo glorificado, pues el nuestro no será frágil y perecedero, sino fuerte e inmortal. Y en ese cuerpo glorificado seremos coronados con el mejor galardón que será la Corona de Justicia.

"No te detengas" -pt.2

Luis Avilés
Pastor CDLF

"OLVIDA LO QUE PASÓ, ¡NO MIRES HACIA ATRÁS!»

PARA LOS CRISTIANOS DE hoy día, también es vital no mirar atrás. Jesús destacó esta idea cuando cierto hombre le preguntó si antes de hacerse discípulo podía ir a despedirse de su familia. Esta fue su respuesta: *"Nadie que ha puesto la mano en el arado y mira a las cosas que deja atrás es muy apto para el reino de Dios"* (Luc. 9:62). ¿Fue Jesús demasiado brusco o exigente con él? No. Él sabía que su petición no era más que una excusa para evadir su responsabilidad, y por eso lo comparó a un labrador que "mira a las cosas que deja atrás". No importa si solo echa un vistazo rápido o si suelta el arado y se gira para mirar; en ambos casos está desatendiendo su obligación y puede dañar su trabajo.

¿En qué debemos concentrarnos?

Es de suma importancia que, en lugar de fijar la atención en el pasado, nos concentremos en lo que tenemos delante. "YO HICE, YO FUÍ, YO DEJÉ, YO ERA, YO TENIA" son los términos que pueden desviarnos y que nos hacen dar vueltas en ese Egipto.

> Isaías 43:18-19
> **18 No os acordéis de las cosas pasadas, ni traigáis a memoria las cosas antiguas.**

> 19 He aquí que yo hago cosa nueva; pronto saldrá a luz; ¿no la conoceréis? Otra vez abriré camino en el desierto, y ríos en la soledad.

Mas la Biblia dice sin rodeos: *"En cuanto a tus ojos, directamente adelante deben mirar, sí, tus propios ojos radiantes deben mirar con fijeza directamente enfrente de ti"* (Pro. 4:25).

¿Qué razón tenemos para no mirar hacia las cosas que dejamos atrás?

Hay una razón muy poderosa para que los cristianos no miremos hacia las cosas que dejamos atrás. Cuál? Que vivimos en "los últimos días" (2 Tim. 3:1). Lo que se avecina no es la destrucción de dos ciudades depravadas, es que pronto nos Iremos a Nuestra Verdadera Morada, Nuestra Casa Celestial.

¿Qué debemos hacer para no caer en el mismo error que la esposa de Lot?

Identificar qué cosas de nuestro pasado pueden hacer que volvamos la vista atrás (2 Cor. 2:11). Todo lo que nos afecta la visión en nuestro camino, aquellas piedras que

puedan molestar en nuestro caminar, todo lo que nos pueda desviar tenemos que evitar para que nuestra vista espiritual no se desvié del "Blanco de la Soberana Vocación que es Cristo Jesús".

"Olvida lo que pasó,
¡No mires hacia atrás!»

Luis Avilés
Pastor CDLF

"SENDA ANTIGUA"

Podrán venir nuevas teorías, nuevas ideas, nuevas modas filosóficas, nuevos estilos de "adoración", ideas de antaño, doctrinas de hombres por tradiciones, culturas y malas costumbres tergiversadas antibíblicas del pasado, hipocresía, manipulaciones y calumnias religiosas, pero nadie cambia mi creencia, mi convicción y mi relación con mi Dios y su Poderosa Palabra.

Sigo predicando la Sana Doctrina a tiempo y fuera de tiempo. Lo que la Palabra de Él dice, La verdad del evangelio es una, está escrita y ha sido revelada. No se puede inventar nada más.

Cristo es el que vino a la tierra, padeció, murió, resucitó, está a la diestra del Padre y viene en las Nubes para que nosotros su Iglesia nos encontremos con El (si piensas que te vas en su "Segunda Venida" pobrecito de usted), creo en la Trinidad, creo en su Palabra que es viva y eficaz, creo en la regeneración y santificación por medio del Espíritu Santo (Y NO DE HOMBRES) en nuestras vidas, creo que somos salvos por su gracia y por la Fe, por su sacrificio en la Cruz y por aceptarlo como mi exclusivo Salvador.

¡¡¡Lo demás son Fábulas y cuentos de camino, prediquemos la Sana Doctrina del Evangelio que nos fue dada!!!

> 1 Corintios 3:6-7
> 6 Yo planté, Apolos regó; pero el crecimiento lo ha dado Dios.

7 Así que ni el que planta es algo, ni el que riega, sino Dios, que da el crecimiento.

"Seguimos en avanzada"

"No nos detendremos"

Luis Avilés
Pastor CDLF
Abril 4, 2016

CRECIMIENTO Y CARÁCTER

sino que, hablando la verdad en amor, crezcamos en todos {los aspectos} en aquel que es la cabeza, {es decir,} Cristo,

EFESIOS 4:15

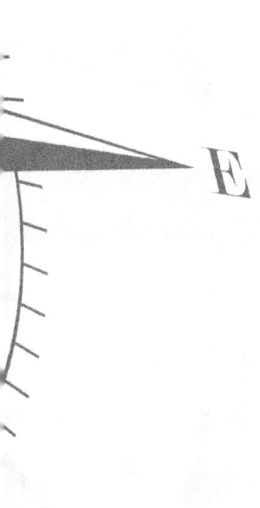

"NIÑOS VS ADULTOS, ADULTOS VS NIÑOS"

CUANDO EN VERDAD ESTAMOS dispuestos a hacer la voluntad de Dios, el conocimiento de su Palabra nos transforma permanentemente, convirtiéndonos en personas diferentes del resto de la sociedad, mediante actitudes correctas que influyen positivamente a cuantos nos rodean.

Una de las herramientas poderosas otorgadas por el Señor, para afectar a la conducta humana, es hacer el bien, considerando el bien, como lo opuesto a todos los males que padecen los integrantes de las comunidades de todo nivel que se desarrollan en este presente siglo.

La voz de la ignorancia se calla ante la fiel y potente proclama de acciones que se originan en el buen actuar. Dicho de otra manera, las buenas y correctas acciones, son tan fuertes en su efecto, que hacen enmudecer los gritos de las actitudes ignorantes de los hombres insensatos o ignorantes. Porque la insensatez e ignorancia no es mas que necedad, falta de sentido o razón.

La necedad corrompe de tal manera, que termina contaminando a todo el que toca a su paso, creando una cadena de murmuración, quejas, contiendas y todas esas obras de la carne que ya ustedes saben de memoria.

DEJANDO NUESTRA NIÑEZ ESPIRITUAL

1 Corintios 13:11
> "....Hablaba como niño, pensaba como niño, juzgaba como niño...."

Uno de los condicionamientos de un niño es que tiene demasiada conciencia de sí mismo. Se pelea hasta con las nubes. No tiene conciencia de las necesidades de los demás. Por lo tanto esto se debería ir equilibrando con la madurez, aunque a veces nunca se consigue. Es un defecto que en la juventud es muy notable.

"Una persona que carece de conciencia hacia la otra persona es":
- Una persona solo interesada en si misma,
- No puede ver más allá de si mismo,
- Pretende que los demás vivan pendientes de el,
- Que perciban sus necesidades y corran presurosos para resolverlas,
- Que al encontrarnos con sus defectos lo justifiquen y puedan entender su debilidad,
- Tenemos que dejar de hablar, pensar, actuar y juzgar como niños

Deja de hablar de ti todo el día buscando atención, de lo que te duele, de tus problemas, de tus victorias, de lo que te compraste, no estés tan preocupado por lo que opinan de ti, no estés tan pendiente de la opinión de los demás, no estés mendigando un poco de aprobación, deja los celos y las contiendas, no estés compitiendo con los demás. "Aprendiendo a ser espirituales, dejando nuestra carnalidad".

Debemos gozar de la libertad que el Espìritu Santo nos ha otorgado, actuando como auténticos servidores de Dios. Esforcèmonos en experimentar la gloriosa posición que Cristo nos ha otorgado, como linaje escogido, real sacerdocio, nación santa y pueblo adquirido por Dios.

"Niños vs Adultos, Adultos vs Niños"

Luis Aviles
Diciembre 3, 2015 6:15 am

"JESUS, LA CRUZ Y EL CIRENEO (DE CIRENE)"

TODO PARECIA NORMAL EN aquel dia de la pena de muerte contra el Maestro cuando se encontró con Cristo y su Cruz. Casual es su presencia en la ciudad, casual es su paso por aquel lugar, casual es que le OBLIGARAN a llevar la Cruz del Señor. Pero aquellas circunstancias son ocasión de una transformación profunda en aquel hombre, más llamativa, si cabe, por inesperada.

No estaba ni con los que insultan o gritan contra Jesús, ni con los discípulos. Tampoco parece un espectador curioso, simplemente "venía del campo". Y "le obligaron a llevar la cruz". "Le cargaron con la cruz para que la llevase detrás de Jesús".

No parece difícil imaginar la conmoción de Simón, molesto, estaba cansado, venia como espectador, un simple Labrador de Tierras. Andaba tranquilamente por el camino, como se va por los caminos de la vida; oye un tumulto, le llama la atención, se acerca… y de repente los soldados le rodean y a gritos le Obligan a llevar la cruz de uno a quien van a crucificar. A lo mejor le dió tiempo para enterarse quién era aquel a quien ayudaba; quizás ya sabia lo que iba a suceder ese Simon de Cirene, quizás no pudo preguntar pero leyó la inscripción de el letrero que indicaba el delito: "Jesús Nazareno Rey de los judíos". Al tomar la cruz, Jesús, se ha vuelto y le ha mirado; no hay en él hermosura, es un desecho de los hombres…y, sin embargo, aquella mirada conmueve el corazón del cireneo, rudo quizás, pero noble… Aquel hombre no queria cargar la cruz, quizás por el temor o la superstición que decian que era una maldición, sabia que ese hombre iba a morir.

Hablando con mi hermano y amigo David Velazquez de este tema, me dijo algo que me impacto y me sacó de mis zapatos esto que les voy a resumir para concluir.

"El primer hombre en ser redimido por la sangre de Jesus derramada en ese madero fue Simón de Cirene, Asi como virtud salió del borde del vestido de Jesus a esa mujer del flujo de sangre, asi mismo redención salió cuando Simón tuvo contacto con la Sangre VIVA del Maestro, que privilegio, ese hombre nunca debió haber sido igual. A su vez Jesus redime la Creación que fue maldita por el Hombre en el huerto del Eden, del fruto de un Arbol sucedió el primer pecado de la humanidad, y de un Arbol salió el madero donde Jesus fue crucificado. LA NATURALEZA FUE REDIMIDA.

Cada uno de nosotros tenemos que tomar la Cruz como nos habla Jesus en Mateo 16:24 "Entonces Jesús dijo a sus discípulos: Si alguno quiere venir en pos de mí, niéguese a sí mismo, tome su cruz y sígame". NO NESECITAMOS UN CIRENEO, tienes que tomar tu Cruz y seguir hasta la meta que es la Vida Eterna. "El no te dará una carga que no puedas Llevar"

"Jesus, La Cruz y El Cireneo"

Luis Aviles
Noviembre 8, 2015 6:22 am

"BRILLA EN EL SITIO DONDE ESTÉS"

UN REFLEJO TIENE COMO característica principal que solamente existe si aquello que refleja está presente, no es como una fotografía que captura una imagen y la lleva a todo lugar. ¿Cómo podemos ser la viva imagen de algo que no conocemos? ¿cómo podemos reflejarle si no permanecemos delante de Él?, porque algunos que asisten a un templo no conocen a Dios; que vergüenza.

Cuando alguien conoce a Jesús ¡se le nota!, no porque tenga el pelo largo en el caso de las mujeres, no porque tenga faldas largas, no porque tenga la cara palida, no porque tenga cara de piedad, no porque lea la Biblia 10 veces(cualquiera puede leer la Biblia como libro de historia) es porque el espiritu dá testimonio de que usted le conoce. Y no solamente los que le conocen saben que ha cambiado, sino que el primero en notar la diferencia es él mismo. Cuando Jesús gobierna nuestro corazón, todo nuestro ser refleja su gracia y su perdón.

Cuando su vida nos alumbra, nuestra muerte se desvanece, "porque es necesario que esto corruptible se vista de incorrupción, y esto mortal se vista de inmortalidad". Y cuando esto corruptible se haya vestido de incorrupción, y esto mortal se haya vestido de inmortalidad, entonces se cumplirá la palabra que está escrita: "Sorbida es la muerte en victoria". La oscuridad únicamente existe cuando algo impide que la luz llegue, pero cuando la luz tiene entrada libre a cada rincón la oscuridad ni siquiera tiene tiempo de irse, simplemente desaparece.

Así es la vida en Cristo, antes de Él éramos personas corruptas, deshonestas, mentirosas, llenas de ENVIDIAS, EGOISMOS, vicios, pecados y con una insaciable necesidad de amor y aceptación. La primera vez que fuimos expuestos a la luz nuestros pecados y errores quedaron al descubierto y muchos preferimos alejarnos de la luz antes que enfrentarnos a nosotros mismos; cuando una criatura viene al mundo despues de 9 meses en oscuridad al ver la luz llora, grita, se resiste, pero cuando finalmente nos decidimos rendirnos a Jesús, su luz revela lo más profundo de nuestro ser para que su sangre pueda limpiarlo.

Entre más conocemos de Dios y de su Palabra más áreas de nuestro corazón son iluminadas de modo que la oscuridad va perdiendo terreno y su Reino se va extiendo dentro de nosotros, literalmente el poder de la muerte y las tinieblas es absorbido por la victoria y el perdón que Jesús nos otorgó en la cruz. Demos gracias a Dios, que nos da la victoria por medio de nuestro Señor Jesucristo. Brilla en el sitio donde estés, eres un Satélite de Jesús.

"Brilla en el sitio donde estés"

Luis Avilés
Noviembre 19, 2015 6:15 am

"SER MÁS COMO JESÚS Y MENOS YO"

> "…Echad fuera de vuestra vida esa vieja naturaleza… Renovaos en vuestro espíritu y vuestros pensamientos, y revestíos de la nueva naturaleza, creada por Dios…" (Efesios 4:22-24).

La vida abundante no consiste en la ausencia de adversidad, sino en el crecimiento en medio de ella.

Conforme el Espíritu de Dios opera en nosotros, somos transformados a la imagen de Cristo. De acuerdo, pero ¿cómo se produce esto en el diario vivir?

Pues mediante nuestras decisiones –primero decidimos hacer lo correcto y luego confiamos que el Espíritu de Dios nos dé la fortaleza, el amor, la fe y la sabiduría para llevarlo a cabo. Puesto que su Espíritu vive dentro de nosotros, sólo tenemos que pedir esas cosas para que sucedan. Sin embargo, cuando pides algo y Dios te indica lo que hay que hacer, tienes que obedecerlo.

Cuando Josué se encontró a la orilla del río Jordán, sus aguas sólo se retiraron después de mojarse los pies. ¡La obediencia desata el poder de Dios! Dios espera que actúes de acuerdo con sus directivas.

No puedes esperar hasta que te sientas capaz o con suficiente confianza en ti mismo; debes avanzar en medio de tus debilidades, haciendo lo debido a pesar de tus temores. Así es como cooperas con el Espíritu Santo, y como se desarrolla en ti un carácter que refleja a Cristo.

"Ser más como Jesús y menos yo"

Luis Aviles

"...SER MANSO Y HUMILDE..."

> "…aprended de mí, que soy manso y humilde de corazón; y hallaréis descanso para vuestras almas. Porque mi yugo es suave y mi carga ligera". (Mateo 11,29)

Estas palabras de Jesús no dejan a ninguna persona indiferente, son verdaderamente muy impactante, incluso, a más de alguien les produce una tremenda carga en su andar tras de Jesús, y talvez para otros sean un deseo dulce de poder cumplir. Mateo nos trae estas palabras, que nos hablan sobre la mansedumbre y la humildad de Jesús, donde Él nos hace una invitación a "todos" los que trabajan "con cansancio" y están "cargados" de angustias, persecuciones y problemas.

Jesús pone estas palabras para ser aliviados contra el fariseísmo, sus prácticas y leyes, ya que estos religiosos tenían una doctrina "insoportable" por sus infinitos preceptos y reglas asfixiantes, como se exponen en muchos pasajes de la Biblia y podemos estudiar en su transfondo histórico. *¡Ay de vosotros, los fariseos, que amáis el primer asiento en las sinagogas y que se os salude en las plazas! ¡Ay de vosotros, pues sois como los sepulcros que no se ven, sobre los que andan los hombres sin saberlo!……… ¡Ay también de vosotros, los legalistas, que imponéis a los hombres cargas intolerables, y vosotros no las tocáis ni con uno de vuestros dedos!"* (Lucas 11:42-46).

El judío estaba envuelto en 613 prescripciones del código

mosaico, reforzadas de tradiciones sin número; la vida del fariseo era una intolerable servidumbre. A todos ésos les dice que "vengan a mí", porque con su doctrina de amor, les "aliviará," y les dará un descanso "restaurador".

Ahora, para aprender de Cristo, para ser manso y humilde de corazón, debemos librarnos de los deseos de ser protagonistas, oportunistas, ser tan amado, ser buscado, ser alabado, ser honrado, ser preferido a otros, ser consultado, ser aprobado, ser halagado, como además no tener temor de ser rechazado, ser olvidado, ser puesto en ridículo, ser burlado, ser injuriado, que los otros sean más queridos que yo, y tampoco debemos preocuparnos de que los otros puedan crecer en la opinión de otros y yo disminuir, que los otros sean alabados y yo criticado, que los otros sean preferidos a mí en todo y yo postergado.

Frente a una tarea tan difícil, nos queda la permanente oración suplicando: Amado Jesús, haz mi corazón semejante al tuyo, "manso y humilde de corazón", porque también necesito hallar descanso para mi alma.

"...Ser Manso y Humilde..."

Luis Avilés
Septiembre 30, 2015 6:15 am

"EL PASADO OBSTRUYE LA GLORIA QUE VENDRÁ"

Hay veces que hay tanto "pasado" en nuestras vidas que cuando Cristo viene nos enfocamos más en el pasado que en las promesas poderosas, en esa herencia para alcanzar niveles aún más gloriosos.

Muy sencillo: salimos de Egipto y llegamos a Canaán.

¿De qué vale que nos llamen como en el "pasado" fuimos llamados cuando en Cristo tenemos un nombre nuevo?

¿Al apóstol Pedro se le apodaba "el ex Simón" o "el ex pescador"?

¿Al Apóstol Pablo se le apodaba "el ex Saulo"?

No importa lo claro o lo obscuro que haya sido nuestro pasado, nos puede dificultar nuestro caminar de alcanzar lo que Dios tiene planificado para nuestras vidas.

"El pasado obstruye la gloria que vendrá"

Hageo 2:9

> "La gloria postrera de esta casa será mayor que la primera, ha dicho Jehová de los ejércitos; y daré paz en este lugar, dice Jehová de los ejércitos."

2 Corintios 3:18

> "Por tanto, nosotros todos, mirando a cara descubierta como en un espejo la gloria del

Señor, somos transformados de gloria en gloria en la misma imagen, como por el Espíritu del Señor."

Efesios 2:6

"y juntamente con Él nos resucitó, y asimismo nos hizo sentar con Él, en lugares celestiales en Cristo Jesús."

Luis Avilés

"LA LEY DE JEHOVÁ"

Salmo 19:7-14

El salmista describe a la ley de Jehová perfecta, completa e intachable, que no le falta nada. ¿Por qué tenemos que añadir y quitarle a esa ley cuando esa no es nuestra posición?

2 Timoteo 3:16-17 dice: es útil De provecho.

> **"Toda la Escritura es inspirada por Dios, y útil para enseñar, para redargüir, para corregir, para instruir en justicia, a fin de que el hombre de Dios sea perfecto, enteramente preparado para toda buena obra."**

La palabra de Dios tiene el poder de convertir, de restaurar o renovar el alma del ser humano.

> **Salmos 23:3** "El Restaura Mi alma; me guía por senderos de justicia por amor de su nombre."

> **Salmo 1:2** "Sino que en la ley de Jehová está su delicia, Y en su ley medita de día y de noche."

La única fuente que Dios nos da para alumbrar los ojos de nuestro entendimiento es el evangelio, es el Instrumento, que Dios utiliza para que nuestros ojos espirituales sean abiertos, para salir de las tinieblas a la luz, y de la potestad de Satanás a Dios; para recibir, por la fe que es en mí, perdón de pecados y herencia entre los santificados.

La ley de Dios es perfecta por tres razones por que convierte el alma hace sabio al sencillo Y alumbra los ojos del entendimiento.

"La Ley de Jehová"

"SEAMOS LUZ"

"vosotros sois la luz del mundo; una ciudad asentada sobre un monte no se puede esconder,
 Nadie enciende una lámpara y luego la pone debajo de una canasta. En cambio, la coloca en un lugar alto donde ilumina a todos los que están en la casa.

> **De la misma manera, dejen que sus buenas acciones brillen a la vista de todos, para que todos alaben a su Padre celestial**". Mateo 5:14-16

Jesús conocía perfectamente esta realidad… Él usa en esta ocasión nuestra evidente necesidad de iluminación para que como creyentes pudiésemos comprender lo que se esperaba de nosotros; y cuál es nuestra responsabilidad ante un mundo cada día más inmerso en tinieblas.

Todos los que creen en Jesús conforme lo dicen la escritura, todos aquellos que toman las enseñanzas de Cristo para sí, deben estar conscientes de que son luz con un propósito más grande que ellos mismos… Más importante que su bienestar, más trascendente y relevante que las dificultades que puedan enfrentar; ese propósito es que Dios reciba la gloria por lo notorio de sus buenas obras.

No podemos ser luz en el mundo si no somos luz en nuestra casa, no podemos ser luz en nuestra ciudad si en nuestra casa somos tinieblas. De nada vale estudiar, hacer cursos teológicos, universitarios, institutos si somos TINIEBLAS y Cristo no ha edificado nuestras vidas. Nuestras familias colapsan y nuestra luz está tan opaca que no se dan cuenta por el camino que andan. Seamos satélites de iluminación, seamos luz, proyectemos la Luz de Cristo a través de nuestras Vidas dando frutos de cristiano todo el tiempo.

"Seamos Luz"

Luis Avilés
Pastor CDLF

"PERSEVERANDO EN LA PRUEBA"

UNA PERSONA NORMAL DE este mundo, es decir una persona que no tenga una relación con Dios, ante desgracias, pruebas y aflicciones o cualquier naturaleza, normalmente se hunde bajo las olas de la adversidad. Incluso cuando una persona esté en lo mejor de su vida, esa misma vida puede lograr que esa persona sea pesimista y llevarlo al borde de la depresión. ¡Cuántos cínicos y escépticos hay en la actualidad!

Pero para el hijo de Dios puede tener la confianza de que Dios está haciendo algo así, está suministrando una prueba por una razón determinada, y que tiene un propósito en todo ese doloroso proceso. No es de parte de nosotros CUESTIONAR al maestro, en este entrenamiento espiritual queda de parte de nosotros, los HIJOS de Dios prepararnos con toda dieta espiritual (oración, ayuno, palabra) para cuando venga la PRUEBA (el examen), estemos preparados y la podamos pasar, Él se glorificará en todo proceso desde el principio hasta el final.

> **Romanos 5:3-4:** "Y no sólo esto, sino que también nos gloriamos en las tribulaciones, sabiendo que la tribulación produce paciencia; y la paciencia, carácter probado; y el carácter probado, esperanza"

Santiago 1:12: "Bienaventurado el hombre que persevera bajo la prueba, porque una vez que ha sido aprobado, recibirá la corona de la vida que {el Señor} ha prometido a los que le aman."

"Perseverando en la prueba"

"LOS TIEMPOS DE NOÉ"

¿QUIÉN DIJO QUE LOS tiempos de Noé pasaron a la historia?

Quizás pasó alguna moda o forma de vestir, ahora tenemos tecnología avanzada y comunicación mundial por redes sociales. Pero la misma CORRUPCIÓN, LIBERTINAJE, PECADO, MUNDANALIDAD y SU PRECURSOR siguen haciendo de las suyas. Los dias de Noé no han terminado estamos viviendo la recta final, pronto muy pronto iremos a nuestra Casa. Dejemos que la mente de Cristo domine nuestro pensamiento para no caer en error. Las opiniones, conceptos, filosofías huecas no nos salvarán, nuestra Fe en Cristo nos dará entrada a la Gloria Celestial.

Lucas 17:26-32

> 26 Tal como sucedió en tiempos de Noé, así también será cuando venga el Hijo del hombre. 27 Comían, bebían, y se casaban y daban en casamiento, hasta el día en que Noé entró en el arca; entonces llegó el diluvio y los destruyó a todos. 28 Lo mismo sucedió en tiempos de Lot: comían y bebían, compraban y vendían, sembraban y edificaban. 29 Pero, el día en que Lot salió de Sodoma, llovió del cielo fuego y azufre y acabó con todos.30 Así será el día en que se manifieste el Hijo del hombre. 31 En aquel día, el que

esté en la azotea y tenga sus cosas dentro de la casa, que no baje a buscarlas. Así mismo el que esté en el campo, que no regrese por lo que haya dejado atrás. 32 ¡Acuérdense de la esposa de Lot!

Luis Avilés
Pastor CDLF

"IMITANDO A CRISTO"

¿Cuál es el mensaje que debemos llevar o predicar?
¿Será un mensaje de opiniones y reglas?
¿Será un mensaje para llamar la atención de la radio, televisión o redes sociales sin fundamento Bíblico?

Nuestro máximo líder nos Ordenó:

> Marcos 16:15: Y les dijo: Id por todo el mundo y predicad el EVANGELIO (buenas nuevas) a toda criatura.

> Mateo 11:28: Venid a mí todos los que estáis trabajados y cargados, y yo os haré DESCANSAR.

> Mateo 16:24: Entonces Jesús dijo a sus discípulos: Si alguno quiere venir en pos de mí, niéguese a sí mismo, tome su cruz y SIGAME.

> Mateo 5:6: Bienaventurados los que tienen HAMBRE y sed de justicia, pues ellos serán saciados.

1 Juan 2:6: El que dice que permanece en El, debe andar como El anduvo.

Juan 13:15: Porque os he dado ejemplo, para que como yo os he hecho, vosotros hagáis.

Tenemos que predicar El Evangelio de Cristo, uno de Amor para el cansado, el sediento, el que anda sin fe y sin esperanza. Cuando este Evangelio es aceptado AUTOMATICAMENTE el Espíritu Santo viene a morar como sello y ya "de modo que si alguno está en Cristo NUEVA CRIATURA es, las cosas viejas pasaron y todo es hecho NUEVO."2 Corintios 5:17. Ya el reino de las tinieblas NO TIENE POTESTAD SOBRE LOS HIJOS DE DIOS ahora el Reino SEMPITERNO DE nuestro DIOS ES EL QUE TIENE DOMINIO ABSOLUTO si verdaderamente somos Nueva Criatura en Cristo.

- Cristianos
- Creyentes
- Evangélicos son todos

Lo verdadero es procurar que seamos Nueva Criatura en Cristo y Prediquemos su EVANGELIO.

"Imitando a Cristo"

Luis Avilés
Pastor CDLF

Y SI ALGUNO PREVALECIERE CONTRA UNO, DOS LE RESISTIRÁN; Y CORDÓN DE TRES DOBLECES NO SE ROMPE PRONTO. ECLESIASTÉS 4:12

> "Cordel de tres hilos (tres dobleces), no se rompe fácilmente".

Hay poder en la unidad. El enemigo lo sabe. Por eso es que continuamente está luchando contra esa unidad. Él toma las diferencias que hay en nosotros, diferencias que Dios puso para hacernos más fuertes, y trata de usarlas para romper el vínculo que nos une.

Por ejemplo, tome los hombres y las mujeres. Satanás nos ha engañado al hacernos ver que uno es superior al otro. Pero eso es un argumento de error. Las mujeres son superiores a los hombres. Si no cree eso, nosotros los hombres tratemos de tener un bebé. Pero también, los hombres son superiores a las mujeres. Si no cree eso, ustedes las mujeres, traten de tener uno sin nosotros.

¿Hay en su vida personas que son diferentes a usted? No deje que el diablo use esas diferencias para separarlos. Agradézcale a Dios por ellas. Deje que Él le enseñe cómo apreciarlas y lo poderosos que pueden ser juntos.

De muchas formas la unidad de la iglesia está siendo amenazada. Desde dentro y desde afuera hay ataques directos en contra de la unidad de la iglesia. A veces sin darnos cuenta el enemigo de Dios y de nuestra iglesia gana terreno en nuestro corazón y nos vemos siendo instrumentos en sus manos en contra del propósito de Dios, expresado por Jesús: *"Que todos sean uno"* (Juan. 17:21). Sin embargo, esto es un asunto muy delicado; tanto como quizá no imaginamos. Estoy cierto que ninguna persona que atente contra la unidad de la iglesia es dirigida por Dios. Necesitamos estar tan distanciados de Dios para distanciarnos los unos de los otros, ¿Así de grave? pues sí, eso es lo que dice la Biblia.

Lo que causa división y discordia en las familias y en la iglesia es la separación de Cristo. Acercarse a Cristo es acercarse unos a otros. El secreto de la verdadera unidad en la iglesia y en la familia no estriba en la diplomacia ni en la administración, ni en un esfuerzo sobrehumano para vencer las dificultades.

Pongamos todo nuestro corazón en las manos de Cristo y seamos instrumentos y promotores de la unidad para gloria del Dios del cielo.

"Cordel de tres hilos (tres dobleces),
no se rompe fácilmente".

Luis Avilés
Pastor CDLF

"VERDAD MAYÚSCULA Y VERDAD MINÚSCULA"

EXISTEN DOS PALABRAS IGUALES que tienen significados y propósitos diferentes.

Verdad y verdad.

Verdad:
Según el diccionario de la RAE verdad es:
1. Palabra sincera, correcta sin precedente.
2. Adecuación entre o una proposición y el estado de cosas que expresa.
3. Conformidad entre lo que una persona manifiesta y lo que ha experimentado, piensa o siente.

Verdad:
Palabra de Dios que produce cambio y trae liberación.
¡La verdad es ofensa para el mediocre, el rebelde y el hipócrita!

Cuando le dices a alguien una gran verdad se afecta negativamente y el enemigo les hace pensar que son víctimas por una "ofensa" y buscan creer que dicen una "verdad falsa" que es solo manipulación diabólica y esto pasa porque no están en la Verdad.

Por eso Jesús era perseguido, criticado y burlado por los religiosos, lobos y depredadores de los pequeñitos por decir la verdad.

El "evangélico cristiano creyente" no puede asociarse con la verdad y Verdad por temor a ser libre. Solo la NUEVA CRIATURA en CRISTO acepta la Verdad, se somete a la Verdad, obedece a la Verdad, sigue la verdad, dá ejemplo de verdad y habla la verdad.

La Palabra de Dios que se guarda en el corazón provoca esa libertad de la esclavitud del padre de toda mentira. Cuando la Verdad llega al corazón no permite que: mintamos al gobierno para conseguir un beneficio, no permite que manipulemos situaciones para hacer creer que estamos bien, no permite que seamos ciegos o miopes en el espíritu porque la Verdad nos hace libres, la Verdad no nos dejará vivir con esas obras que nos llevan al abismo;(Galatas 5: 19 Y manifiestas son las obras de la carne, que son: adulterio, fornicación, inmundicia, lascivia, 20 idolatría, hechicerías, enemistades, pleitos, celos, iras, contiendas, disensiones, herejías, 21 envidias, homicidios, borracheras, orgías, y cosas semejantes a estas; acerca de las cuales os amonesto, como ya os lo he dicho antes, que los que practican tales cosas no heredarán el reino de Dios.)

Como ser libres de la esclavitud:
1. Guardar la Palabra de Dios.
Esto se logra desarrollando el hábito de la lectura de la Biblia, escuchando Palabra (La Fe viene por el oir, la Palabra De Dios) y no solo la lectura sino el estudio y la reflexión exhaustiva de la misma. Salmos 1:1-3 llama "bienaventurado aquel que medita en la Palabra de Dios de día y de noche",

2. Confesar nuestra esclavitud y declarar libertad. Este paso es importante ya que si no se acepta la situación de esclavitud se podrá luchar mal para salir de ella. 1 Juan 1:9 nos dice que si

confesamos nuestras faltas Dios es fiel y justo para perdonarnos y librarnos de toda maldad.

3. Recibir y aceptar la libertad que Dios otorga. La libertad es un estado al que se llega por elección… la no aceptación de esta libertad a través de la Verdad se convierte en un desprecio flagrante del sacrificio de Cristo en la cruz. Hebreos 4:1-16 nos exhorta a acercarnos al trono de Dios para así alcanzar misericordia para el socorro oportuno.

Solo la Palabra de Dios nos hace libres para su Gloria.

Luis Avilés
Pastor CDLF

"CÓMO ENTENDER LA VIDA CRISTIANA"

¿ALGUNA VEZ SE HA preguntado por qué algunos creyentes nuevos parecen remontarse en su nueva relación con el Señor, mientras que otros caen en picada después de unas pocas semanas? Examinemos a qué se debe la diferencia.

Quienes hemos sido cristianos por largo tiempo, podemos olvidar que la salvación implica un cambio, no solo en el estilo de vida, sino también en la manera de pensar y entender. Poco después de encontrarse con el Señor en el camino a Damasco, Pablo se retiró a Arabia por un tiempo. Antes de que el apóstol pudiera comenzar su ministerio, su mente tenía que ser reprogramada, por lo que necesitaba aprender del Señor (Ro 12.2). Veamos algunos términos que ayudan a explicar lo que se entiende por "ser salvo":

Nacido de nuevo (Juan 3.3; 2 Co 5.17). El nuevo nacimiento significa una vida nueva. Implica empezar de nuevo; la vieja vida no es renovada, es reemplazada por una nueva.

Convertido (1 Ts 1.9). Convertir algo significa cambiarlo, como el dinero que se cambia de una divisa a otra, o la energía que ha sido cambiada de una forma a otra. La vida cristiana debe generar un cambio.

Recibir a Cristo (Jn 1.12). Pensamos, por lo general, que la salvación es algo que Dios nos da, pero es más que eso. Cuando alguien pone su fe en Cristo, le da la bienvenida al Señor para que viva en su corazón.

Piense en cómo pensaba y vivía antes de conocer al Salvador. ¿De qué maneras ve un cambio genuino? Pídale a Dios que le revele los aspectos de su vida en la que la vida de Cristo necesita volverse más evidente.

"Cómo entender la vida cristiana"

Luis Avilés
Pastor CDLF

"HUMILDAD, EJEMPLO DE CRISTO"

EL HUMILDE NO ES El que PROFESA ser humilde o El que quiera ser pisoteado, es el que Vive una vida de humildad frente a su Salvador, ¡¡¡una vida en Jesús!!!

"Igualmente, jóvenes, estad sujetos a los ancianos; y todos, sumisos unos a otros, revestíos de humildad; porque:

> Dios resiste a los soberbios, Y da gracia a los humildes. – 1 Pedro 5:5

> "Nada hagáis por contienda o por vanagloria; antes bien con humildad, estimando cada uno a los demás como superiores a él mismo"
> -Filipenses 2:3

Jesús nos dio un buen ejemplo de la humildad en acción. A pesar de que era humilde, también fue el mejor Lider fuerte y con Carácter de Autoridad.

> "Llevad mi yugo sobre vosotros, y aprended de mí, que soy manso y humilde de corazón; y hallaréis descanso para vuestras almas;" Mateo 11:29.

Tú puedes manejar el tratamiento injusto pacíficamente cuando eres humilde y manso, puedes responder al tratamiento injusto sin ser vencido por la amargura. La humildad piadosa significa que tú no sientes una necesidad de venganza.

> "Deshágase de toda amargura, ira y enojo, gritos y calumnias, y toda forma de malicia. Sea amable y compasivos unos con otros, perdonándoos unos a otros, al igual que en Cristo Dios los perdonó a ustedes" – Efesios 4:31-32.

Cuando eres humilde, puedes responder y aprender de las críticas sin una actitud en defensa, si es merecido o no. Del mismo modo, tú puedes ser consciente de tus fracasos sin ser emocionalmente devastado.

> Tú puedes pedir perdón cuando eres humilde.

> "Por lo tanto, si estás presentando tu ofrenda en el altar y allí te acuerdas de que tu hermano tiene algo contra ti, deja allí tu ofrenda delante del altar. Ve primero y reconcíliate con tu hermano, y entonces ven y presenta tu ofrenda" – Mateo 5:23-24.

> Tú puedes hablar con cortesía y con amor, independientemente de la situación, incluso

si tienes que ser firme o tomar acciones fuertes. "No permita que ninguna palabra corrompida salga de vuestra boca, sino lo que es útil para la construcción de otros de acuerdo con sus necesidades, que puede beneficiar a aquellos que escuchan" – Efesios 4:29.

Cuando nos humillamos, nos sentimos fuertes en el Señor. No necesitamos estar a la defensiva, porque cuando escuchamos como creyentes al Padre, Él nos dice que debemos examinar nuestros motivos y actitudes.

"Humildad, Ejemplo de Cristo"

Luis Avilés
Mayo 23, 2016 7:24 am

"SECRETO PARA QUE UN CRISTIANO SEA FELIZ"

DESPUES DE HABER EXPERIMENTADO el gozo de la Salvación y de vivir experiencias con nuestro Dios que han marcado nuestras vidas, experiencias negativas y positivas, desiertos, inviernos, tempestades y oasis han pasado por nuestro peregrinar, por estas experiencias que hemos vivido podemos decir y estar casi casi seguros de que nos damos cuenta quien verdaderamente necesita ese mismo encuentro con nuestro Salvador.

Podrán visitar un templo o congregación, y orar largas horas y levantarse de la misma manera. Podrán tener posiciones dentro de una organización religiosa y no tener ese gozo que solo Dios da.

Los títulos e institutos no dan ese gozo, esa felicidad que el Hombre necesita. El saber la Biblia y creer en ella no te da el gozo de nuestro Salvador, recuerda que "…los demonios creen y tiemblan" Santiago 2:19. Esto no es de mucho saber, de hablar palabras bonitas llena de "teologías" y conocimientos humanos si no tienes la Sabiduria que viene de lo Alto.

La frustración, envidia y enojos comienza en la vida de esas personas que no tienen ese Gozo de la Salvación cuando ven a su hermano que comienza a crecer de manera acelerada porque decidió hacer la voluntad de Jesús. La murmuración viene a ser el plato de "primera mesa" porque no pueden aceptar como Dios bendice a su prójimo. Eso no debe pasar mis queridos amigos.

El creyente se dice a sí mismo: "Dios está detrás de lo que me acontece, y es debido a lo que me acontece que ya no estoy tan feliz como lo estuve antes". Pero no debo quejarme, sino que debo buscar nuevas maneras de servir a Dios y encontrar felicidad en "obedecerle". Los creyentes siempre serán más felices sirviendo a Dios en la situación en que se encuentren, y no afanándose por las cosas que no tienen.

¡Aprender a aceptar la voluntad de Dios!

Cuando aprenden eso, ya no les preocupa el no obtener exactamente lo que quieren. Ahora son felices con lo que Dios quiere, amando lo que El ama y aborreciendo lo que El aborrece. Ahora dicen: "Dios me ha hecho sabio espiritualmente, me ha hecho santo, me ha enseñado a aceptar su voluntad como lo mejor. Porque Él está satisfecho y es glorificado por ello, estoy feliz." La causa de la infelicidad de los creyentes es el pecado en sus vidas, queja, chismes, iras, murmuraciones. Si pudiéramos acabar con los sentimientos pecaminosos y contrarios a la voluntad de Dios que conducen a la impiedad, seríamos más felices.

"Secreto para que un Cristiano sea feliz"

Luis Avilés
Octubre 24, 2015 7:35 am

"PERSEVERANCIA Y DETERMINACIÓN"

> "Cada hombre es arquitecto de su destino. Dios nos hizo perfectos y no escoge a los capacitados, sino que capacita a los escogidos. Hacer o no hacer algo, solo depende de nuestra voluntad y perseverancia" —Albert Einstein

En este tiempo de tanta movilización y cambio de las cosas en todas las áreas de la humanidad, es muy difícil mantenerse en lo que hemos comenzado es por eso que siempre hablo de la importancia de la perseverancia en la vida del Cristiano.

Se ha dicho que, para comenzar un camino, una obra es difícil, pero nos damos cuenta que lo más difícil es mantener lo que hemos comenzado.

El Proverbista dice: Que mejor es el fin del negocio que su principio (Eclesiastés 7:5),

la razón por la que dijo esto Salomón es porque en el lapso del principio y del fin se encuentra la perseverancia y la determinación y sin ellas, aunque el negocio comenzó bien, no tendrá un buen final, si no están presente la Perseverancia y la Determinación.

¿En Cuales cosas debemos perseverar los Cristianos en nuestra vida cristiana?

1. EN LA GRACIA
2. EN LA ORACIÓN
3. EN LA PALABRA
4. EN LA COMUNIÓN CON LOS HERMANOS

Practicando esto, se le hará imposible al Enemigo apartarnos del Ancla de la fe que esta puesta en el Fundamento y roca Jesucristo, Obedezcamos y dependamos siempre de su gracia, manteniendo una vida constante en oración, aferrándonos a la enseñanza de la palabra de Dios y buscando la comunión con los Hermanos en una fraternidad Cristiana viviremos una vida victoriosa y llegaremos hasta el final del camino que hemos comenzado a caminar y tendrá un final glorioso el negocio que hemos iniciado con Dios por que el es nuestro MEJOR SOCIO.

Luis Avilés
Agosto 29, 2015 7:50 am

"MUY CIERTO"

NO TODO EL QUE abandona un redil y abandona la Fe es OVEJA PERDIDA, puede y lo mas probable sea "Cabra".

Existen Ovejas y Cabritos.

>Mateo 25:32-33: 32 y serán reunidas delante de él todas las naciones; y apartará los unos de los otros, como aparta el pastor las ovejas de los cabritos.33 Y pondrá las ovejas a su derecha, y los cabritos a su izquierda.

Lucas 15: Parábola de la oveja perdida
>15 Se acercaban a Jesús todos los publicanos y pecadores para oírle, 2 y los fariseos y los escribas murmuraban, diciendo: Este a los pecadores recibe, y con ellos come. 3 Entonces él les refirió esta parábola, diciendo: 4 ¿Qué hombre de vosotros, teniendo cien ovejas, si pierde una de ellas, no deja las noventa y nueve en el desierto, y va tras la que se perdió, hasta encontrarla? 5 Y cuando la encuentra, la pone sobre sus hombros gozoso;

"NUESTRO ADVERSARIO"

EL APÓSTOL PEDRO NOS advierte de nuestro enemigo mortal. "Sed sobrios, y velad; porque vuestro adversario el diablo, como león rugiente, anda alrededor buscando a quien devorar" 1 Pedro. 5:8

Si pudo leer correctamente dice "vuestro o nuestro adversario" NO dice el adversario de nuestro Señor Jesucristo.

Cristo ya venció al reino de las tinieblas y a su mayor enemigo en la Cruz del Gólgota. Con su sacrificio arremato a satanás recuperando la muerte a través de su Resurrección porque Cristo es la Vida.

Ahora, nuestra batalla no se ha finalizado, Jesús no peleará por nosotros si no nos apropiamos de las Armas de nuestra Milicia. En otras palabras, ES NUESTRA BATALLA NO ES LA BATALLA DE JESÚS, satanás es nuestro adversario. Somos nosotros los que tenemos que seguir peleando, batallando, haciendo la voluntad de Él. Haciendo esto El estará con nosotros como Poderoso Gigante.

Si Resistimos al Diablo huirá
como un Gran Cobarde.

"Nuestro adversario"

Luis Avilés
Julio 30, 2016 5:00pm

"AYUDANDO A CARGAR TU CRUZ"

"Fuiste llamado, de los muchos fuiste Escogido, comienza tu peregrinar, la carga se hace pesada, quieres detener tu caminar, no puedes continuar, sientes desmayar, te tropiezas y levantas, cada vez se hace más fuerte, sientes que todo el mundo te deja, que te dieron la espalda, que tus supuestos amigos te han traicionado, vuelves y tropiezas, recuerdas todo lo que hiciste y lograste hacer durante tu trabajo y te consume los recuerdos, las lágrimas te invaden tu rostro y se mezclan con las gotas de sudor que se sienten como gotas de sangre bajando por tus mejillas, te levantas y sigues sin fuerzas, crees que no llegarás hasta que se acerca un Cirineo que te ayude a cargar tu Cruz..." parece un poema verdad?

A veces en la vida nos llegan "cruces" que no nos tocan y no nos gustan (Él no te da una Cruz que tu no puedas llevar). Simón iba pasando, cansado del trabajo, y seguramente le molestó mucho que los soldados lo obligaran a cargar esa Cruz. La vida está llena de problemas propios o ajenos que no buscamos y tenemos que cargar con ellos. Jesús se presenta a nosotros como Cirineo muchas veces cuando no lo buscamos, aunque no lo busquemos.

Conversaba anoche con un amigo, más que amigo hermano que trabajamos juntos produciendo musica por muchos años que está pasando por un Cáncer de páncreas que se movió al hígado. Mi corazón está destruido, no me canso de orar e interceder por esta situación que no tengo dudas que Dios lo sanará. Por la gracia de Dios despues de perder tantas libras la Quimo comenzó a reducir ese tumor. Pero algo que me impactó de nuestra conversación es que una pareja comenzó a visitarlo, a ella le dio lo mismo, tuvo la misma situación y Dios la sanó. Esa pareja de esposos está con El todos los dias sin fallar. Ella es su CIRINEO.

La bendición que esa carga trae consigo, sin embargo, siempre es mayor que el dolor y el cansancio que provoca. Simón de Cirene, por haber cargado un rato la cruz de Cristo alcanzó la gloria y también la obtuvo para sus hijos. La cruz, cuando nos llega, lejos de rechazarla, deberíamos abrazarla.

Más que abandonarnos esperando que llegará la ayuda, debemos estar atentos para ayudar al necesitado. Todos debemos ser Cirineos los unos para los otros, en el entendimiento de que la ayuda que damos a nuestro hermano en necesidad es el mismo Cristo el que la recibe, la agradece y la recompensa.

Nunca es tarde para ayudar ni es inútil la ayuda prestada. Ojalá Simón hubiera llegado antes, ojalá hubiera podido evitar todas las caídas… Lo que pudo hacer fue aparentemente muy poco; sin embargo, para Jesús, para la salvación de Simón y para la nuestra fue enormemente significativa. A esto se le llama …

"Ayudando a cargar tu Cruz"

Luis Avilés
Octubre 27, 2015 6:35 am

"RESISTIENDO AL ENEMIGO"

Tratemos de mirar esta frase a través de las Palabras de Jesús y sus apóstoles. Satanás, el tentador, el diablo es sobre todo contra Dios. Aunque es una criatura, él ha desafiado la autoridad de su Creador y ha establecido un reino sin ley. Su único propósito es impedir el designio de Dios, abolir Su autoridad y, si fuera posible, tomar Su lugar. Se opone a los seres humanos y busca destruirlos porque nosotros fuimos hechos a la imagen de Dios. Su maldad es dirigida especialmente contra los cristianos porque nosotros pertenecemos a Dios y servimos a sus propósitos. Nosotros amenazamos su reino. Su intento es apartarnos de Dios, ya sea por medio de asustarnos o de atraernos a unirnos en rebelión. Y cuanto más un hombre o una mujer, un grupo o un ministerio, se identifique con Jesucristo y se comprometa con sus propósitos, más se les opondrá el diablo y sus emisarios.

Resistir al diablo significa resistir sus ataques; es rehusar sus propuestas. ¿Cómo pueden los creyentes hacer eso? Primero y fundamentalmente, escribe Santiago, Ellos tienen que acercarse a Dios. ¿No es una frase preciosa? Nosotros debemos acercarnos a Él, movernos hacia Él y vivir en comunión con El.

En nuestra relación con Dios a través de Cristo, confiando en El, entregándonos a Él, aceptando Su gracia, encontramos la fortaleza que necesitamos en contra de los poderes del mal. Por esa razón el apóstol Pablo exhorta a sus compañeros a "fortalecerse en el Señor y en el poder de Su fuerza" y a "revestirse con toda la armadura de Dios para la batalla cristiana". Entonces, aquí está la respuesta: cada vez que sea tentado a apartarse de Dios y vanidosamente seguir su propio camino; diríjase hacia Él, llámelo en su ayuda y asegúrese con Su fortaleza. Esa es su primera línea de defensa. ¡Hágase fuerte en el Señor!

"Resistiendo al Enemigo"

Luis Avilés
Septiembre 27, 2015 7:15 am

"CUANDO ERA NIÑO HABLABA COMO NIÑO, JUZGABA COMO NIÑO, PENSABA…"

PABLO LES EXHORTA A los Corintios que no dejen de crecer, aunque él les había dado de beber leche, el deseo de él era poder darles el alimento sólido que los harían madurar y crecer en el evangelio.

Un niño recién nacido para crecer primero tiene que ser alimentado, y no hay nada mejor que la leche materna que le provee los anticuerpos necesarios para prevenir enfermedades; el recién nacido en Cristo necesita de la leche espiritual no adulterada para crecer sano y robusto; la leche, que es la palabra de Dios, posee anticuerpos que necesitamos para no vivir débil o enfermos.

El creyente, al perder el apetito por la palabra de Dios, corre un gran peligro; primero se enfría la relación íntima con el Padre perdiendo la fe, luego deja de dar frutos, y por último la vida de ese nuevo creyente se estanca.

Un recién nacido no tiene los sentidos desarrollados, no sabe lo que es bueno o lo que es malo, Pablo nos aconseja que seamos niños en la malicia pero que no seamos niños en nuestra forma de pensar o de actuar, que desarrollemos nuestros sentidos para andar en la verdad, haciendo lo bueno y agradable al Señor, porque el que sabe hacer lo bueno y no lo hace le es pecado.

Los niños no conocen el peligro, juegan con el peligro porque no conocen las consecuencias que pueden traer, allí en el peligro está su mamá o alguien a su lado para socorrerlo; en los niños en Cristo acontece lo mismo, no conocen el peligro al que están expuesto por la falta de conocimiento de quiénes son en Cristo, quién es el adversario y cuáles son las armas que Dios les ha dado para hacerle frente.

Un niño es aquel que necesita alguien a su lado para aprender a dar los primeros pasos, ayudado y sostenido a manera de tutor; el recién nacido en Cristo tiene como primera y principal ayuda para el crecimiento en el evangelio al Espíritu Santo, como su ayudador en la parte espiritual; en la parte humana tiene a todos los demás hermanos que le apoyan y le sostienen soportando sus flaquezas sus debilidades, que sería si no estuvieran los pastores y hermanos mayores que les ayudan, enseñan, guían, corrigen, amonestan, consuelan, animan , ¡¡Gracias a Dios por ellos!!.

"Cuando era niño hablaba como niño, juzgaba como niño, pensaba..."

Luis Avilés
Octubre 4, 2015 7:15 am

"CUIDADO CON ESAS PIEDRAS QUE PUEDES TROPEZAR"

2ª Corintios 6:3-4 dice: 3 "Por nuestra parte, a nadie damos motivo alguno de tropiezo, para que no se desacredite nuestro servicio. Más bien, en todo y con mucha paciencia nos acreditamos como servidores de Dios: en sufrimientos, privaciones........"

Pablo evitó hacer cosas contrarias a lo que Dios dice en su palabra, para no dar a nadie ninguna ocasión de tropiezo. De esta manera nadie tenía motivos para vituperar o hablar mal o denigrar el ministerio de Pablo.

Igual es con el creyente, debe tener un buen testimonio entre sus conocidos y entre los desconocidos para que nadie tenga motivo para vituperar o hablar mal del nombre de Cristo o un recién convertido no entre en confusión.

Si un creyente anda en mentiras, hurtos, peleas, "adulterio, fornicación, inmundicia, lascivia, idolatría, enemistades, pleitos, celos, iras, contiendas, disensiones, herejías, envidias, homicidios espirituales, y cosas semejantes a estas; acerca de las cuales el Apóstol Pablo amonestó, como ya Él lo he dicho antes, que los que practican tales cosas no heredarán el reino de Dios" algunas personas van a mirar ese comportamiento y su razonamiento será: Si eso es ser creyente, no gracias. Mejor me quedo, así como estoy, porque yo, sin ser creyente, vivo mejor que él. Esto es ser piedra de tropiezo. El incrédulo ha tropezado en el testimonio de aquel mal creyente y eso ha dificultado el camino hacia su posible salvación. Pero también se puede ser piedra de tropiezo, cuando el creyente hace cosas lícitas, pero que ofenden a alguien que es débil en cuanto a eso.

Pero no por eso, el creyente puede hacer todo lo que es lícito, porque existen ciertas cosas lícitas pero que no son convenientes. El creyente maduro evitará hacer cosas lícitas que ofenden a algún creyente débil. ¿Pero qué pasa si las hace de todas maneras? entonces está siendo de tropiezo para el creyente débil. Por eso es por lo que Pablo aconseja lo siguiente en,

1ª Corintios 10:32 "No seáis tropiezo ni a judíos, ni a gentiles, ni a la iglesia de Dios"

De modo que un creyente es piedra de tropiezo cuando peca a vista y paciencia de otros y atenta contra su buen testimonio o cuando hace cosas aun cuando lícitas pero que no convienen y lastiman a otras personas, no importa si son creyentes o incrédulos.

¿QUE ES UNA PIEDRA DE TROPIEZO?

Es todo aquello que me desvía del camino de Dios, Lo que me impulsa a no hacer su voluntad, Lo que me causa desanimo, Lo que me hace perder la Fe, es todo aquello que hace enfriarme espiritualmente. Vea la indiferencia de LLAMADOS CRISTIANOS

MADUROS durante el servicio al Señor porque no están a gusto con el programa, Vea la indiferencia e hipocresía de LLAMADOS CRISTIANOS MADUROS por hablar, murmurar, criticar de todo e inclusive del Pastor,

> Mateo 18:6 dice: "Y cualquiera que haga tropezar a alguno de estos pequeños que creen en mí, mejor le fuera que se le colgase al cuello una piedra de molino de asno, y que se le hundiese en lo profundo del mar."

Jesús mira con celo a todos sus pequeños que creen en El y cuando alguien les hace tropezar, comete un atentado contra el mismo Jesús. Por eso la consecuencia es tan trágica como estar en lo profundo del mar con una piedra de molino atada al cuello. Cuidado con ser piedra de tropiezo para alguien y/o

"Cuidado con esas Piedras que puedes Tropezar"

Luis Avilés
Noviembre 25, 2015 6:35 am

"EL PODER DE LA VIDA O MUERTE ESTÁ EN LA..."

CUANDO ERA MÁS JOVEN a veces mentía a mis jefes para poder faltar al trabajo. Siempre decía la misma mentira "no me siento bien de salud, me va a dar catarro o flu". Increíblemente al siguiente día no podía salir de la casa de mis padres, verdaderamente estaba enfermo, ¡wow!

Debemos entender que las palabras que hablamos son MUY importantes, la Biblia nos enseña muy claramente que hay una relación estrecha entre las palabras que decimos y lo que nos sucede en la vida.

> "La muerte y la vida están en poder de la lengua, Y el que la ama comerá de sus frutos."
> **Proverbios 18:21**

La Biblia nos dice que la lengua es un miembro pequeño, pero con un gran poder, con nuestras palabras podemos Edificar o destruir, Sanar o herir, Bendecir o maldecir, Dar vida o matar. Las palabras que hablamos pueden traer: Alivio, Animo, Consuelo, Sanidad, Restauración, Bendición o Vida. Hay personas que usan sus lenguas para causar dolor, heridas, desanimo, destrucción. Por eso la Biblia afirma que "La muerte y la vida están en poder de la lengua.".

Maldecir quiere decir "Hablar mal de algo o de alguien", cuando hablamos mal de nuestro esposo o de nuestra esposa, estamos hablando maldición, cuando hablamos mal de la iglesia, estamos hablando maldición . . . por eso, si hemos estado hablando mal, si hemos estado maldiciendo, humillémonos arrepentidos y empecemos a hablar bien, hablemos bendición.

Bendecir es "Hablar bien de algo o de alguien", hemos sido bendecidos para que podamos bendecir, por tanto, hablemos bien de nuestros amigos, de nuestros esposos, de nuestras esposas, de nuestros hijos, de nuestras familias, de nuestras congregaciones, de nuestras ciudades.

Las palabras pueden sanar, pueden herir, pueden edificar, pueden destruir, pueden dar vida, pueden producir muerte, pueden bendecir, pueden maldecir.

Lo que hay en nuestro corazón saldrá por nuestra boca. ¿Hay duda en nuestro corazón? ¿Hay incredulidad? ¿Hay temor? . . . De la abundancia del corazón habla la boca.

Como Padres debemos bendecir a nuestros hijos. Eliminemos frases como:
- "Mi hijo es más malo que un demonio
- "Mi hijo nunca me obedece,
- "Mi hijo está siempre enfermo,
- "Hijo no sirves para nada."

No maldigamos a nuestros hijos, no hablemos mal de ellos, hablemos siempre bendición sobre sus vidas. Como maridos debemos bendecir a nuestras esposas y como esposas deben bendecir a los maridos.

Eliminemos frases negativas cuando nos referimos a nuestro cónyuge.

Dios tiene grandes cosas para nosotros. Lo mejor está por llegar, su Pueblo está avanzando, el Señor está con nosotros. También debemos bendecir a los que todavía no conocen a Dios. Declaremos que nuestro vecino puede cambiar, no hay nada difícil para Dios, Dios está obrando en mi amigo.

Dios ama a mi familia y está obrando en ella.

"El Poder de la Vida o Muerte está en la..."

Luis Avilés
Septiembre 28, 2015 6:45 am

"JUGANDO CON FUEGO"

Sansón fue escogido por Dios desde el vientre de la madre como nazareo y juez sobre Israel, para liberar al pueblo del yugo de sus enemigos, este se caracterizaba por su fuerza física hasta podemos decir sobrenatural; sin embargo, dado que vivió de forma desagradable a Dios, incluso, jugando con el pecado, no cumplió a totalidad el plan que Dios había preordenado y pre organizado para El.

Vemos en Sansón el proceso y los métodos que el diablo utiliza para atar, despojar y destruir a los cristianos.

Esta historia es sumamente interesante y fascinante. Pero hay una enseñanza poderosa a través de ella. Nuestras fuerzas espirituales provienen directamente de nuestro Dios, nuestro ejercicio debe ser estrictamente balanceado con el Ayuno, Oración, búsqueda de una comunión intima con el Espíritu Santo, lectura y estudio de la Palabra de Dios. Cuando viene la tentación según tu estamina o tu condición espiritual podrás enfrentar al enemigo con toda la Sabiduria adquirida según te hayas dedicado a los ejercicios espirituales.

No se puede Jugar con Fuego, porque es interesante ver que quienes ataron primero a Sansón fueron sus hermanos, los de la tribu de Judá; esto nos enseña que el primer medio que el enemigo utilizará para atar a los cristianos serán los propios hermanos en la fe. Luego SIETE CUERDAS FRESCAS, Jueces 16:6-7: En este caso los hermanos ya no fueron el medio para atar a Sansón, sino una persona del sexo opuesto de raza filistea; esto nos enseña que otro medio para atar a los cristianos, son las personas inconversas del sexo opuesto, que fingiendo amor se acercan para atar. Seguido a SOGAS NUEVAS y finalmente SIETE TRENZAS, Sansón delata el secreto de su pacto con Dios. Cuantas veces jugando con el enemigo revelamos los propósitos de Dios a Filisteos para que sepan todo, puedan confundirnos y seamos atados haciéndonos perder la Fuerza. Nos toma de sorpresa porque nuestro estado anímico espiritual es muy débil.

La vida de Sansón es un ejemplo de lo que el cristiano no debe hacer, por lo que debemos examinarnos con la Palabra para no cometer los errores que él cometió y no seamos atados y suframos pérdidas que nos afecten individual o familiarmente.

"Jugando con Fuego"

Luis Avilés

"JUZGAD CON JUSTO JUICIO"!

El capítulo 7 de Mateo es parte de uno de los discursos más populares de nuestro Señor, conocido como el Sermón del Monte. Lamentablemente, en muchas ocasiones aquellos que tienen vidas CUESTIONABLES usan el primer versículo de este capítulo para excusar sus acciones al sugerir que Jesús estaba condenando toda clase de juicio en absoluto. La idea es que solamente nuestro Dios es el Juez, y ya que nadie está en la posición de Dios, entonces nadie tiene el derecho de juzgar a nadie.

Aunque es cierto que Dios es el Juez absoluto y final de cada alma humana y que nadie está en la posición de Dios, no es cierto que Jesús estaba condenando toda clase de juicio. En cambio, estaba condenando el juicio severo, irreflexivo y farisaico. Jesús no solamente aprobó el juicio justo en otros pasajes, sino también lo requirió (Juan 7:24; cf. 1 Corintios 5:3). Mateo 7 es otro ejemplo de esta demanda de justicia y juicio. La declaración de Jesús no termina con "No juzguéis, para que no seáis juzgados", y, por ende, no se debe utilizar este enunciado como un "absoluto" al descartar su contexto.

El enunciado o declaración "saca primero la viga de tu propio ojo, y entonces verás bien para sacar la paja del ojo de tu hermano", aclara el hecho que Jesús quiere que Sus siervos corrijan primero sus propias faltas para que estén capacitados para corregir a otros. Jesús no estaba excusando la "paja" del ojo del hermano; esa paja todavía debía ser quitada. Pero quería que el que intentaba remover la paja analizara su vida para detectar cualquier falta espiritual que primero debía ser removida, en algunos casos, una falta mayor (la viga) que hiciera que el juzgador cayera en hipocresía. Sin embargo, la emisión del juicio no requería perfección absoluta, sino inocencia general.

En conjunto, este capítulo condena el juicio hipócrita, pero demanda que el cristiano sea juicioso para analizar:
1. Sus propias faltas
2. A los demás
3. La bondad del Padre
4. Sus acciones ante su prójimo
5. Su camino
6. La verdad
7. Su religión
8. Su disposición

"Juzgad con justo juicio"

Luis Avilés
Octubre 20, 2015 6:21 am

"LA REALIDAD DE SER HONESTO"

ser honesto es ser real, auténtico, genuino. Ser deshonesto es ser falso, ficticio, impostado. La honestidad expresa respeto por uno mismo y por los demás. La deshonestidad no respeta a la persona en si misma ni a los demás. La honestidad marca la vida de apertura, confianza y sinceridad, y expresa la disposición de vivir en la luz. La deshonestidad busca la sombra, el encubrimiento, el ocultamiento. Es una disposición a vivir en la oscuridad.

La deshonestidad no tendría ningún papel en un mundo en que impera la realidad y estuviera habitado por seres humanos plenamente conscientes. Desgraciadamente, debemos de convivir con la deshonestidad. Los humanos, abrigamos una variedad de tendencias e impulsos que no armonizan espontáneamente con la razón. Los seres humanos necesitan práctica y estudio para convertirse en personas benévolas para retomar la bendicion de Dios de la que surgimos. En ese intento hacen muchas cosas que la prudencia les aconseja ocultar. Mentir es una "fácil" herramienta de ocultamiento y, cuando se emplea a menudo, pronto degenera en un vicio que arrastra hacia lo contrario.

La honestidad es de suma importancia. Toda actividad social, toda empresa humana que requiera una acción concertada, se detiene cuando la gente no es honesta. La honestidad no consiste sólo en la franqueza, la capacidad de decir la verdad, sino en la honestidad del trabajo honesto por una paga honesta.

¿Cómo se cultiva la honestidad? Como la mayoría de las

virtudes, conviene desarrollarla y ejercitarla en armonía con las demás. Cuanto más se ejercita, más se convierte en una disposición afincada. Pero hay una respuesta rápida que se puede dar en tres palabras: tomarla en serio.

No puedo entender como gente "CRISTIANA" se dedica a la venta ilegal de productos que son "imitaciones, burlescos, clandestinas, copias, pirateadas, etc", toman dinero prestado y no pagan, prestan dinero a sus "hermanos" cargándoles un alto interés, como productor musical detesto la musica pirateada, aborrezco ese tipo de conducta y despues tienen la desfachatez de predicar un "evangelio" hueco, de lenguaje bonito usando la palabra de Dios para tapar sus falsedades. La Biblia los describe como sepulcros blanqueados. ¿Qué haría Cristo si viera este tipo de personas en una reunión?

Se debe reconocer que la honestidad es una condición fundamental para las relaciones humanas, para la amistad, para la auténtica vida comunitaria. Pero se debe tomar en serio por sí misma, no "como la política más conveniente".

Hay una gran diferencia entre tomar en serio la verdad y no dejarse "pillar". Los padres a menudo decimos "que no te agarre de nuevo", y es comprensible, pero una vida buena y honesta es más que eso. El desarrollo moral no es un juego de "píllame o agárrame si puedes". Conviene concentrarse en lo que importa de verdad, la clase de persona que uno es, y la clase de persona que uno quiere ser.

Luis Avilés
Septiembre 23, 2015 5:00 am

"PADRE DE MENTIRA EN LA RECTA FINAL" PT.1

> Mateo 16:23: "Pero él, volviéndose, dijo a Pedro: !!Quítate de delante de mí, ¡Satanás!; me eres tropiezo, porque no pones la mira en las cosas de Dios, sino en las de los hombres."

En un mundo lleno de interminables fuentes de opiniones e información, los creyentes (Nuevas Criaturas) necesitamos desarrollar un espíritu capaz de discernir. Si no, ¿cómo sabremos lo que es verdadero? Mucho de lo que vemos y escuchamos está basado en una perspectiva mundana influenciada por Satanás, el padre de mentira. El engaño se encuentra hasta en la esfera religiosa; algunas iglesias mezclan mentiras con cierta cantidad de verdades para lograr que las personas las consideren instituciones cristianas genuinas.

La única manera que tenemos los creyentes de protegernos del engaño es afincándonos en la Palabra de Dios. Cuanto más tiempo pasemos llenando nuestra mente con los pensamientos de Dios, mejor será nuestra capacidad para discernir. Sin embargo, el simple conocimiento de la verdad bíblica no es suficiente. Debemos poner en práctica lo que aprendamos para que se convierta en más que conocimiento intelectual.

El propósito es dejar que la Palabra de Dios se vuelva parte integral de nuestro pensamiento, de modo que ella guíe nuestras decisiones. Además, el Espíritu Santo ha sido dado a cada creyente como Ayudador, cuya tarea es guiarle a toda verdad (Juan 14.26; Juan 16.13). No obstante, usted tiene la responsabilidad de poner la Palabra de Dios en su mente para que Él pueda hacer que la recuerde. Si usted descuida la Palabra, le faltará discernimiento.

¿Qué está dejando entrar en su mente? ¿Es la Biblia una prioridad? A menos que esté alerta, el pensamiento mundano dominará al discernimiento espiritual. Es difícil mantener la perspectiva divina si pasa más tiempo frente al televisor de la vida que estudiando la Biblia.

"Padre de mentira en la recta final" pt.1

"RENDICIÓN TOTAL?"

- ¿A que nos rendimos?
- ¿A quién nos rendimos?

Las preguntas serían:
- ¿Nos hemos convertidos a nuestro Salvador de verdad?
- ¿Hemos convertido nuestra mente?
- ¿Hemos convertido nuestro cuerpo?
- ¿Hemos convertido nuestro corazón?
- ¿Hasta cuándo nuestra mente humana gobernará nuestra vida?

Opiniones, filosofías, malas costumbres gobiernan nuestras mentes y corazones.

Pedro le dijo al Maestro que moriría por El, Jesús sabia que le mentía, Jesús sabia que lo iba a negar por que Pedro no se había rendido TOTALMENTE a su Dios. Lo NEGÓ. no fué hasta el aposento alto que tuvo un encuentro real con su Salvador.

Rendición total significa:
PONER A CRISTO PRIMERO, PRIMERO Y PRIMERO EN TODO. Primero antes que mis deseos, caprichos, opiniones huecas y vacías, conceptos tergiversados del pasado, familia, trabajo, casa, finanzas, PRIMERO EN TODO Mateo 6:33.

El mayor ejemplo el Apóstol Pablo:

> 2 Corintios 1: "Pues, así como participamos abundantemente en los sufrimientos de Cristo, así también por medio de él tenemos abundante consuelo.
>
> *"Rendición Total?"*

Luis Avilés
Pastor CDLF

"RECONOCER, RECTIFICAR LOS ERRORES, CRISTO ES LA VERDAD, LA VERDAD NOS HACE LIBRES"

JUSTIFICAR NUESTROS ERRORES ES algo que hacemos para sentirnos mejor con nosotros mismos. De alguna forma, nos eximimos de culpa. Salimos del centro de atención para poner a otra cosa o persona allí. Sentimos un cierto alivio.

El problema es que esta estrategia es altamente engañosa. Mientras nos sentimos justificados en nuestros errores, nos reservamos el derecho a fallar por una buena razón. Y continuamos fallando.

Después de todo, la culpa no es nuestra. Pero en un último análisis, somos totalmente responsables por ellos.

Mientras nosotros no asumamos una total responsabilidad por nuestros errores; mientras continuemos justificándonos por eso o por aquello, nunca nos esforzaremos por hacer lo correcto.

Es nuestra culpa si nos equivocamos. Es nuestra culpa si las cosas nos salen bien. Los errores y los aciertos dependen de nosotros.

Adán y Eva se escondieron de Dios.

"Luego oyeron la voz de Jehová Dios que se paseaba por el huerto, al aire del día; y el hombre y su mujer se escondieron de la presencia de Jehová Dios entre los árboles del huerto. Pero Jehová Dios llamó al hombre, y le preguntó: —¿Dónde estás?...

Él respondió: —Oí tu voz en el huerto y tuve miedo, porque

estaba desnudo; por eso me escondí. Entonces Dios le preguntó: — ¿Quién te enseñó que estabas desnudo? ¿Acaso has comido del árbol del cual yo te mandé que no comieras? El hombre le respondió: —La mujer que me diste por compañera me dio del árbol, y yo comí.

Entonces Jehová Dios dijo a la mujer: — ¿Qué es lo que has hecho? Ella respondió: —La serpiente me engañó, y comí".

En el primer plano de la historia Adán culpa a Dios, a su vez a la mujer, luego Eva culpa la serpiente, toda una justificación.

Reconocer nuestros errores es saber quiénes somos, con nuestras virtudes y nuestros defectos y sin pretender esconder nuestros defectos o ocultarlos pareciendo que somos un ejemplo para seguir, porque así solo nos engañamos y nuestra vida se degradaría aún más. Reconocer nuestros errores es saber que la Verdad es Cristo y es la que nos hace libres.

El reconocer nuestros errores, aunque parezca mentira es el primer paso para una vida completa, analicemos nuestra vida positivamente e intentemos mejorar, analicemos nuestra parte de culpa en las situaciones y tratemos a los demás como nos trataríamos a nosotros mismos.

"Reconocer, Rectificar los Errores, Cristo es la Verdad, La Verdad nos hace libres"

Luis Avilés
Junio 7, 2016 4:00pm

"DIOS TIENE UN PROPÓSITO EN LAS TORMENTAS"

Tal vez usted ha visto un programa de televisión en el que una persona distraída está a punto de ponerse al frente de un vehículo en marcha. De repente, otra persona corre hacia ella, y la sujeta fuertemente para evitar una catástrofe. Atónita e indignada, la casi víctima se irrita y se dispone a pegarle a su salvador; es decir, hasta que se da cuenta de que acaba de ser salvada de algo terrible. Lo que al principio parecía malo, resultó ser muy bueno.

Las tormentas en nuestra vida pueden, a veces, tener un propósito semejante. Es fácil estar tan atrapados en la rutina diaria, o preocupados por perseguir una meta, que no nos damos cuenta del bien que el Señor tiene en mente. Cuando estamos enfocados en nuestros deseos, también nos hacemos más vulnerables a tomar decisiones que no concuerdan con su Palabra.

Puesto que Él quiere lo mejor para sus hijos, nuestro Padre celestial hará todo lo que sea necesario para ponernos en una posición que nos permita recibir su bendición. Ahí es cuando de repente nos encontramos en medio de una tormenta; la vida estuvo antes soleada y resplandeciente, pero ahora nos enfrentamos a la turbulencia o incluso al dolor. Esos reveses pueden tomarnos desprevenidos, y hacer que nos preguntemos, ¿Por qué permite Dios que me suceda esto?

Aunque el Señor permite, a veces, tormentas en forma de problemas y dificultades, su propósito nunca es hacernos daño. Si usted está pasando por una prueba difícil en este momento, Dios puede estar tratando de dirigir su atención hacia Él. Es posible que esté trastornando los planes que usted tiene para poder llevar a cabo los de Él.

"ERES VASO DE HONRA?"

MÉTODOS QUE DIOS UTILIZA para moldearnos: 1) El fuego del crisol: las pruebas permiten extraer toda la escoria que impide que podamos brillar, y que seamos valorados como el oro de 24 quilates; 2) Los obstáculos: Cuando Dios permite que tengamos obstáculos, son para moldearnos en el desarrollo de la paciencia, tolerancia y confianza en los caminos de Dios.

NO LE DIGAMOS AL ALFARERO QUÉ INSTRUMENTOS QUEREMOS SER.

Podemos expresarle a Dios nuestros sueños y planes, sin embargo, como solo somos barro, y no conocemos qué es lo mejor para nuestras vidas, suplique al Alfarero Divino que nos haga instrumentos de servicio y de honra.

La palabra de Dios no HACE nada si se escribe, se repite o se memoriza. Ella hace cambio cuando nos dejamos moldear de ella. Cuando NOS HUMILLLAMOS Y RECONOCEMOS NUESTROS ERRORES. No seamos como los monos que repiten sin saber lo que hacen. Dejemos que el mejor Alfarero trabaje en nuestras vidas para llegar a ser Vasos de Honra.

"Eres vaso de honra?"

Luis Avilés
Pastor CDLF
Octubre 2017

"HASTA DONDE VAMOS A LLEGAR?"

"religión, espiritualidad o relación con Dios"
pt. 1

Todavía se sigue jugando a la "religión" y a la "espiritualidad" cuando la mies es mucha más los obreros son pocos.

¿Hasta dónde vamos a llegar? Cuando lo que se está viendo es los «cristianos» señalando y juzgando desmedidamente y las almas se siguen perdiendo sin piedad y en una esquina el padre de toda mentira se «mofa» y se burla morbosamente de la actitud de los «religiosos».

La mala interpretación más común acerca de la religión es que el Cristianismo es solo otra religión, como el Islam, el Judaísmo, el Hinduismo, etc. Tristemente, muchos que aseguran ser partidarios del Cristianismo, lo practican como si fuera una religión. Y Para muchos, el Cristianismo no es más que un conjunto de reglas y rituales que una persona tiene que observar a fin de ir al cielo después de la muerte. Eso no es el verdadero Cristianismo. El verdadero Cristianismo es una relación con Jesucristo de alguien que está cansado y con hambre. El verdadero Cristianismo no es una religión, sino más bien es tener una correcta relación con Dios, por medio de recibir a Jesucristo como el Salvador, por Gracia a través de la fe.

Sí, el Cristianismo tiene "rituales" que observar (p. ej. el Bautismo y la Santa Cena). Sí, el Cristianismo tiene "reglas" que seguir (por ejemplo, no matar, amarse unos a otros, etc.). Sin embargo, estas reglas no son la esencia del Cristianismo. Las reglas del Cristianismo son el resultado de la salvación del cristiano. Seguimos una lista de deberes derivadas del amor que tenemos por Dios, en gratitud por lo que Él ha hecho y como resultado de la influencia del Espíritu Santo que mora en nuestras vidas.

La verdadera espiritualidad y relación es poseer el Espíritu de Dios como resultado de recibir la salvación a través de Jesucristo. La verdadera espiritualidad es el fruto que produce el Espíritu Santo en la vida de una persona: amor, gozo, paz, paciencia, benignidad, bondad, mansedumbre y templanza (Gálatas 5:22-23). La espiritualidad es totalmente acerca de volvernos más parecidos a Cristo, quien es espíritu (Juan 4:24), y tener nuestro carácter conformado a Su imagen (Romanos 12:1-2).

Jesucristo es el cumplimiento tanto de la religión como de la relación espiritual. Jesús es Aquel a quien debemos entregar cuentas hacia lo que la verdadera religión señala. Jesús es Aquel con quien necesitamos estar conectados a quien la verdadera espiritualidad señala. ¿Estás interesado en descubrir la verdadera religión y la verdadera espiritualidad para establecer una relación con nuestro Salvador?

Entrega tu vida, tu corazón sin importar los años de religión para que comienzas una nueva vida de relación con nuestro Salvador Jesucristo.

Luis Avilés
Pastor CDLF

"JEHOVÁ TIENE QUE EDIFICAR NUESTRA CASA"

> "…Si Jehová no edificare la casa, En vano trabajan los que la edifican…"

Para evitar caer en las trampas del enemigo, lo primero que tenemos que hacer es asegurarnos de que construiremos nuestra casa sobre la fundación correcta; la palabra de Dios. ¿Por qué digo esto? Lo digo porque como todos sabemos, el mundo está lleno de personas buscando soluciones inmediatas a sus necesidades y/o problemas, pero por mucho que corren de un lado al otro, nunca las encuentran. Y la razón por la que nunca encuentran las soluciones es porque están buscando en los lugares equivocados.

Muchos andan en busca de soluciones y depositan su fe en políticos, gobernantes, líderes, religiosos, pastores, sistema de educación, y personas que ejercen influencia en este mundo. ¿Por qué sucede esto? En la mayoría de los casos esto es algo que sucede porque el cimiento de la vida espiritual de la persona se encuentra débil, o quizás el cimiento no fue echado correctamente, sino que esta mezclado y/o contaminado por las cosas del mundo. En otras palabras, no han edificado su vida en el Señor, sino que han ignorado o excluido algunas cosas que Dios nos revela en Su palabra. Cualquier aire contrario, vientos huracanados, murmuraciones y zorras tóxicas hacen que se derrumben.

El problema que existe en ignorar o excluir cosas que el Señor nos revela en Su palabra, es que esto nos conduce a edificar nuestra casa sobre un cimiento débil. Nos conduce a edificar nuestra casa sobre un cimiento que no soporta, sino que se derrumba. Pensemos en esto por un breve instante, y preguntémonos ¿de qué nos vale decir que somos cristianos, si no usamos la palabra de Dios de cimiento en nuestra vida y no hay RHEMA del evangelio de Cristo en nuestros corazones?

Claro está en que no nos vale de nada, y tarde o temprano nuestra casa, es decir quién somos, caerá derrumbado ante los ataques del enemigo. Y es por eso que como cristianos fieles tenemos que enfocar nuestra atención en el cimiento sobre cual estamos edificando; como cristianos fieles tenemos que asegurarnos que estamos edificando sobre la verdad de Dios, y no las mentiras del diablo.

De la única manera que podemos asegurarnos que estamos edificando sobre la verdad de Dios, es tomando el tiempo de leer, escuchar y meditar en la palabra de Dios y pedir DISCERNIMIENTO para detectar los materiales del enemigo que pueden hacer que nuestra casa se afecte.

Como cristianos tenemos que ser NUEVAS CRIATURAS fieles y asegurarnos que el cimiento de nuestra vida sea solido, para que lo que edifiquemos no sea fácilmente

destruido por las circunstancias y situaciones, que se presentan a lo largo de nuestra vida. Si no estamos edificando encima de la verdad de Dios, entonces no estamos haciendo nada, y por mucho que nos esforcemos trabajaremos en vano. Despierta a tus hermanos en la Fe y diles: edifica en la verdad de Dios.

"Jehová TIENE que edificar nuestra casa"

Luis Avilés
Pastor CDLF

"LA BASE PARA EL DISCERNIMIENTO"

PUESTO QUE EL DISCERNIMIENTO espiritual es la capacidad de ver la vida desde la perspectiva de Dios, es necesario que sepamos cómo piensa y actúa Él. La Biblia es la revelación inmutable e infalible de Dios mismo. Sin embargo, el Señor no nos da simplemente una lista de verdades acerca de su manera de ser y de sus caminos. En cada página de la Biblia, Dios revela quién es Él y cómo actúa.

Aunque la Biblia es antigua, no es anticuada. Es un libro vivo y renovador que le habla directamente a usted. Sus historias pueden haber tenido lugar hace siglos, pero sus principios y aplicaciones tienen vigencia y relevancia hoy. Es nuestro manual de instrucciones para la vida en el que se encuentra la guía para tomar decisiones.

La Palabra de Dios es activa y penetrante; sus palabras no son letra muerta en un papel. Ellas penetran nuestros corazones y juzgan nuestros pensamientos y motivaciones. Esta cualidad condenatoria es la razón por la que a algunas personas no les gusta leer la Biblia. Pero el discernimiento es esencial si no queremos seguir cometiendo los mismos errores una y otra vez. Algunos cristianos viven a un nivel superficial, sin comprender nunca por qué reaccionan a situaciones de la manera que lo hacen. Pero si abordamos la Palabra de Dios con un espíritu abierto, ella arrojará luz sobre nuestros motivos ocultos y revelará pecados ignorados.

El discernimiento espiritual implica ver no solo nuestras circunstancias, sino también vernos a nosotros mismos desde la perspectiva de Dios. ¿Ha aprendido usted a aceptar la espada penetrante de la Biblia? Recuerde que la Palabra de Dios corta solamente para poder curar.

"La base para el discernimiento"

"LA DESOBEDIENCIA A DIOS"

SAÚL LO TENÍA TODO a su favor. Era el hijo de un respetado soldado, era bien parecido y tenía un físico excelente (1 S 9.2). Y puesto que Dios lo eligió para dirigir a Israel en un tiempo cuando la nación tenía enemigos formidables, podemos suponer que también era un líder valiente y carismático. Hasta el profeta Samuel fue impresionado, y habló con admiración de Saúl en su coronación: *"No hay semejante a él en todo el pueblo"* (1 S 10.24).

Pero, a pesar de todos los atributos positivos de Saúl, éste pasó gran parte de su reinado desobedeciendo al Señor. Los errores de juicio del rey se debieron más que todo a que se creía mejor de lo que era. Un grave error desataría una reacción en cadena de pecados, como vemos en su desesperada búsqueda de la vida de David (1 S 18–26).

El Señor detesta la arrogancia en el corazón de los hombres. Cuando la persona tiene muy alto concepto de sí misma (Ro 12.3), deja de confiar en la gracia divina para tomar sus decisiones. Las consecuencias de esa manera equivocada de pensar son terribles. Por ejemplo, el rey pensaba que era tan grande, que ignoró la ley de Dios y ofreció un sacrificio antes de una batalla, en lugar de Samuel. Saúl rechazó someterse al mandamiento de Dios, y por eso el Señor le dio el reino a un hombre que sí lo haría (1 S 16.13, 14).

La soberbia aleja a una persona de los caminos del Señor. Con cada paso en falso, los corazones arrogantes se hunden en un desierto espiritual. Nada de valor eterno se puede encontrar en un lugar tan desolado. Pero el Señor dará una gozosa bienvenida a sus seguidores arrepentidos. Las bendiciones y el gozo aguardan a quienes andan en armonía con Él y buscan hacer su voluntad.

"La desobediencia a Dios"

"LA CULPA NO ES MÍA, LA TIENE OTRO"

"Examíname, oh Dios, y conoce mi corazón; Pruébame...Y ve si hay en mí camino de perversidad, ...". Salmo 139:23 –24

David era un hombre valiente. El manifestó valentía cuando mató un león que amenazó su rebaño. En otra ocasión se enfrentó con un oso. Admiramos su valentía en enfrentarse con el gigante Goliat. Pero su acto de valentía más intrépido fue cuando pidió que Dios examine su corazón.

Es posible que alguien pase mucho tiempo en oración y que tenga la apariencia de ser muy espiritual, pero siga esclavizado por el pecado. Debemos pasar tiempo a solas con Dios, quedándonos quietos y callados, dispuestos a dejar que EL HABLE A NUESTRO CORAZÒN.

Algunos quieren tomar los eventos de la vida y sus sueños como la voz de Dios.

Nosotros queremos señalar a los amigos, al enemigo por sus ansiedades y complejos, todo el mundo tiene culpa, ellos son VICTIMAS, queremos señalar a todo el que está alrededor, líderes, vecinos, familiares, cónyuge de nosotros sin pensar que DEBERIAMOS DECIRLE A DIOS QUE EXAMINE NUESTRO CORAZÓN. Pero David hizo lo contrario le dijo a Jehová que EXAMINARA SU CORAZÓN. Pero ¿miramos por alto la gran necesidad de guardar silencio ante Jehová y esperar en él? Salmo

37:7 dice, "Guarda silencio ante Jehová, y espera en él".

La Biblia habla de la necesidad de purificar el alma y corazón. I Pedro 1:22 dice: "*Habiendo purificado vuestras almas por la obediencia a la verdad, mediante el Espíritu, para el amor fraternal no fingido, amaos unos a otros entrañablemente, de corazón puro*". También Santiago 4:8 dice: "*Acercaos a Dios, y él se acercará a vosotros. Pecadores, limpiad las manos; y vosotros los de doble ánimo, purificad vuestros corazones*". El que no presta atención a la pureza es un creyente sucio. La limpieza es un hábito y un esfuerzo. La purificación del corazón también puede ser dolorosa.

Debemos reconocer que el corazón es la fuente de todo mal. Marcos 7:21-23 dice: "*Porque de dentro, del corazón de los hombres, salen los malos pensamientos, los adulterios, las fornicaciones, los homicidios, los hurtos, las avaricias, las maldades, el engaño, la lascivia, la envidia, la maledicencia, la soberbia, la insensatez. Todas estas maldades de dentro salen, y contaminan al hombre*". ¿No te importa que tu corazón sea así? Jeremías 17:9 dice: "*Engañoso es el corazón más que todas las cosas, y perverso; ¿quién lo conocerá?*" El versículo hace la pregunta, "¿quién lo conocerá?" Dios conoce como está nuestro corazón. Él es el único que puede hacernos consciente de la verdadera condición de nuestro corazón.

David quiso saber si había en él "camino de perversidad". En el Salmo 101:4 él escribió "*Corazón perverso se apartará de mí; no conoceré al malvado*". Perversidad significa maldad o corrupción. Siempre hay la tentación de pensar, "yo no soy culpable de corrupción". Siempre debemos tomar en cuenta que Cristo debe reinar en nuestra vida.

El anhelo de David era el de andar en "el camino eterno". Si es el camino de la perfección, como dice Salmo 101:2, ¿por qué esperar hasta llegar a la gloria para andar en él? Una y otra vez David pidió que Dios le enseñe su camino. Salmo 86:11, por ejemplo, dice *"Enséñame, oh Jehová, tu camino; caminaré yo en tu verdad; Afirma mi corazón para que tema tu nombre"*.

La purificación del alma es, en parte, la obra del creyente. I Pedro 1:22 dice: *"Habiendo purificado vuestras almas por la obediencia a la verdad, mediante el Espíritu, para el amor fraternal no fingido, amaos unos a otros entrañablemente, de corazón puro"*. Es por la obediencia a la verdad, pero también "mediante el Espíritu". Dios no hará su parte a menos que le demos permiso. Es por eso por lo que tenemos que orar *"Examíname, oh Dios, y conoce mi corazón; Pruébame y conoce mis pensamientos; Y ve si hay en mí camino de perversidad, Y guíame en el camino eterno"*. Salmo 139:23-24

"La culpa no es mía, la tiene otro"

Luis Avilés
Pastor CDLF

"UNIDAD, CONOCIMIENTO, PERFECCIÓN, CRECIMIENTO, ESTATURA Y PLENITUD"

> Hasta que todos lleguemos a la unidad de la fe y del conocimiento del Hijo de Dios, a un varón perfecto, a la medida de la estatura de la plenitud de Cristo; Efesios 4:13

El proceso de la madurez espiritual es esencial si deseamos llegar a ser más como Jesús. Es una jornada espiritual que sin duda va a requerir que uno crezca y avance diariamente. Sera un proceso donde será necesario ir a otro nivel de madurez donde progresemos de la leche espiritual al alimento sólido. Tal y como nos exhorta Hebreos 5:12, *"porque debiendo ser ya maestros, después de tanto tiempo, tenéis necesidad de que se os vuelva a enseñar cuáles son los primeros rudimentos de las palabras de Dios; y habéis llegado a ser tales que tenéis necesidad de leche, y no de alimento sólido."*

Tecnología avanza, el tiempo corre, los dias se acortan, el enemigo sigue ganando terreno y nosotros seguimos estancados dando vueltas en el mismo desierto, buscando llamar la atención y buscando atención, todo nos acompleja porque creemos que somos los importantes y como no hay crecimiento siempre seremos VICTIMAS, Que Grave Error.

Tenemos un camino trazado por el Señor, un diseño establecido, la meta final de esta carrera será que "alcancemos la edad adulta, que corresponde a la plena madurez de Cristo". Es por esta razón que la madurez es tan importante. Ya no podemos quedarnos en el nivel de niño espiritual, en una infancia permanente, ¡Es urgente que avancemos y crezcamos! En 1 Corintios 13:11 no dice, *"cuando yo era niño, hablaba como niño, pensaba como niño, juzgaba como niño; más cuando ya fui hombre, dejé lo que era de niño." Debemos dejar las cosas de niños y madurar a llegar a ser una persona espiritual, ¡que nuestra conducta, actitud, pensamiento, etc. sea más como Jesús!*

Hay que tomar el desafío este día, el reto de dejar la infancia espiritual, y poder experimentar otro nivel de madurez en nuestras vidas. Seguramente esto nos llevará a reflejar mas a Cristo, al punto que el mundo vero nuestra vida y quedaran asombrados del poder transformador del evangelio. Todos llegaran a ver el cambio genuino y la transformación total que estaremos reflejando, ¡una obra que solo Jesucristo pudo hacer! Esta en la tarea y el trabajo que tenemos por delante.

Esta porción de Escritura me ministró, *"a quien anunciamos, amonestando a todo hombre, y enseñando a todo hombre en toda sabiduría, a fin de presentar perfecto en Cristo Jesús a todo hombre* (Colosenses 1:28).

> *"Unidad, conocimiento, perfección, crecimiento, estatura y plenitud"*

Luis Avilés
Pastor CDLF

"EL CRECIMIENTO LO DÁ DIOS"

Hoy en día se ven muchísimas sectas, religiones, miembros de Congregaciones, "líderes de iglesias" luchando por monopolizar y controlar las enseñanzas e imponerse intelectualmente sobre la Iglesia o congregación, y han llegado al punto de considerarse como único medio de disciplina cultural y teológico para los congregantes, y esto es un grave, terrible y horrendo error.

Nosotros no somos Dios, no somos Espíritu Santo y menos podemos cambiar al ser humano. Somos instrumentos para llevar "Predicar el Evangelio a toda criatura", unos plantan, otros riegan, pero el crecimiento lo dá Dios.

Lo que tenemos que entender es que ningún ministro (pastor, maestro, profeta, etc.) puede presumir que el crecimiento de la Iglesia dependa de él o de la eficacia en el desempeño de su labor.

Como dije anteriormente, el trabajo de nosotros como pastores, líderes es de predicar la Sana Doctrina bíblica, dar ejemplo con nuestro testimonio y compromiso, lo demás se encarga el "Labrador".

> 1 Corintios 3:6-8: 6 Yo planté, Apolos regó; pero el crecimiento lo ha dado Dios. 7 Así que ni el que planta es algo, ni el que riega, sino Dios, que da el crecimiento. 8 Y el que planta y el que riega son una misma cosa; aunque

cada uno recibirá su recompensa conforme a su labor.

"El crecimiento lo dá Dios"

Luis Avilés
Julio 7, 2016 7:35 am

"EL PUEBLO PERECE POR FALTA DE CONOCIMIENTO"

Juan 5:39: 39 Escudriñad las Escrituras........

El cristianismo de la actualidad es un cristianismo basado en lo que otros dicen, en programas de televisión, programas de radio, en repetir todo lo escuchado, es decir lo que los lideres dicen es la regla, es la doctrina. Es excelente escuchar porque "La Fe es por el oír, y el oír, por la Palabra de Dios" pero no puede quedar ahí. El Pastor es el instrumento entre Cristo y la iglesia para poder impartir enseñanzas, inclusive al pastor se le demandará por cada uno de los que están allí sentados, es RESPONSABLE de traer "pastos frescos, alimento saludable" pero el pastor que su FUNDAMENTO NO ESTÉ CENTRADO EN LA PALABRA DE DIOS lo que enseñe no significa que sea la "doctrina" final.

Mucho cristiano, tiene el fundamento de su doctrina en comentarios bíblicos o en opiniones de eruditos bíblicos. Tienen su fundamento doctrinal en todo menos en la Biblia, incluso por más exagerado que parezca, muchas iglesias ni doctrina tienen; puesto que la han reemplazado totalmente con la música o las artes. Muy poco cristiano realmente está leyendo y estudiando su Biblia. Por esa razón muchas doctrinas herradas y herejes se han metido en la iglesia. El Señor Jesucristo dijo en

> Mateo 7:15: "Guardaos de los falsos profetas, que vienen a vosotros con VESTIDOS DE OVEJAS, pero por dentro son lobos rapaces".

Hay muchas personas que enseñan mentiras que destruyen la doctrina bíblica. Esto lo hacen encubiertamente. Es decir, la mentira no se muestra como mentira sino como una verdad.

> 2 Pedro 2:1 dice: "Pero hubo también falsos profetas entre el pueblo, como habrá entre vosotros falsos maestros, que introducirán ENCUBIERTAMENTE herejías destructoras, y aun negarán al Señor que los rescató, atrayendo sobre sí mismos destrucción repentina".

La Biblia aclara que hay falsos maestros que introducen encubiertamente herejías, y estas son destructoras. ¿Cuántas herejías se han introducido y aun se enseñan como verdad? Y el mayor problema de esto es que los cristianos de hoy no reconocen la falsedad de una doctrina; porque ellos no leen su Biblia, no ESCUDRIÑAN Y sigue diciendo la Escritura:

> 2 Pedro 3:15-16: 15 "Y tened entendido que la paciencia de nuestro Señor es para salvación; como también nuestro amado hermano Pablo, según la sabiduría que le ha sido dada, os ha escrito, 16 casi en todas sus

> epístolas, hablando en ellas de estas cosas; entre las cuales HAY ALGUNAS DIFÍCILES DE ENTENDER, las cuales los indoctos e inconstantes TUERCEN, como también las otras Escrituras, para su propia perdición".

El Señor Jesucristo enseñó que debemos escudriñar las Escrituras. Pero ¿qué significa escudriñad? Significa investigar diligentemente a profundidad algo. No leer superficialmente sino entendiendo lo que se lee(la oración es uno de los requisitos). Nuestro Señor dijo esto, precisamente en un punto de la historia de su pueblo, en el cual ellos no escudriñaban las escrituras, y aunque las leían permanecía un velo que no les permitía comprenderla.

> 2 Corintios 3:14 dice: "Pero el entendimiento de ellos se embotó; porque hasta el día de hoy, cuando leen el antiguo pacto, les queda el mismo velo no descubierto, el cual por Cristo es quitado".

Era necesario que ellos escudriñasen las escrituras porque Cristo el Señor sabía que por su ignorancia de la Palabra de Dios en el pasado había sido destruido el pueblo de Israel. Oseas 4:6 dice: "Mi pueblo fue destruido, porque le faltó conocimiento. Por cuanto desechaste el conocimiento, yo te echaré del sacerdocio; y porque olvidaste la ley de tu Dios, también yo me olvidaré de tus hijos".

Debemos leer la Biblia no solo por leerla sino por aprender de ella. Para poder encontrar la vida eterna, los que aún no tienen la seguridad de poder ir al cielo el día en que mueran. Y para los que ya tenemos esa seguridad debemos conocer al Señor Jesucristo y no ser engañados fácilmente o caer en falsas doctrinas. Recordemos lo que dice

> Oseas 4:6 "Mi pueblo fue destruido, porque le faltó conocimiento".

Luis Avilés
Septiembre 23, 2016 7:22am

"COMIENDO SALUDABLE Y BALANCEADO"

¿CÓMO PODEMOS PELEAR y permanecer fuertes ante nuestro enemigo Satanás cuando nuestros signos vitales espirituales están peligrosamente bajos? ¿Cómo puede una Iglesia producir un impacto positivo en su comunidad cuando ni siquiera puede reunir a sus miembros para entrar en intimidad con nuestro Salvador?

Uno de los secretos de la iglesia y el pueblo que Dios bendice es que entiende y sigue las directivas que el Señor mismo dio para que mantuviera la fortaleza y vitalidad espiritual.

¿Como vamos a ser diferentes de lo que comemos? ¿Como puede la gracia de Dios obrar poderosamente en nosotros cuando nos privamos del alimento que él a preparado para nuestra alma? Según estudios solo un tercio de los que asisten a la iglesia, cristianos, mantienen una dieta espiritual balanceada, oran, ayunan, leen y escudriñan la Palabra (Biblia) por lo menos una vez por semana. Con razón están espiritualmente débiles y son fácil presa de los ataques de Satanás (lo digo por mi propia experiencia).

La práctica de la oración en privado, el ayuno y escudriñar la Palabra es sumamente importante y obligatorio para nuestro crecimiento espiritual. Nuestro adversario no descansa, su objetivo es hacernos caer. No es de extrañar que las congregaciones apenas sobrevivan y no tengan valor ni poder como testigos del Evangelio ante los incrédulos. Podemos estar físicamente en el templo, pero en estado espiritual comatoso.

¡Dios promete claramente que él apagará la sed del sediento y sacia con lo mejor al sediento! (Salmos 107: 9), pero ¿Cómo podemos experimentar estas bendiciones si nunca nos sentamos a la mesa, no asistimos a la iglesia y comemos? Nuestro cuerpo natural conoce la satisfacción y el deleite de las buenas comidas, ¿Pero ¿qué sucede con nuestro hombre interior que no está interesado en un buen "carne"?

No en balde tantos cristianos se sienten insatisfechos y vacíos.

Nuestro hombre espiritual solo puede alimentarse cuando participamos de la oración, ayuno y Palabra de Dios y recibimos la renovación que viene del Espíritu Santo.

"Comiendo saludable y balanceado"

Luis Avilés
Agosto 5, 2016 9:00am

"JESÚS ES EL ÚNICO CAMINO HACIA LA PERFECCIÓN"

HAY DOS CAMINOS, HAY dos puertas que pueden llevarte a la Vida o a la muerte Eterna. Uno de ellos es el que Dios envía para que por medio de El seamos salvos. Dios escoge instrumentos y comisiona para poder llevar el Evangelio tal y como está escrito a toda criatura. Ese libro llamado la Biblia es el manual por el cual debemos de conducirnos en este mundo de filosofías, rudimentos, dogmas, blasfemias para poder disfrutar de esa vida eterna. El hombre natural no puede AÑADIR, QUITAR O MAL INTERPRETAR LO QUE ESTÁ ESCRITO POR INSPIRACIÓN DEL ESPIRITU SANTO.

¿Quiénes somos nosotros para darle una interpretación ERRONEA a lo que es la palabra de Dios? Obviamente Jesús le dice a los Fariseos y Escribas que «SOLO SE APRENDIAN LA LEY PARA REPETIRLA» como reglamento dogmático, pero no había un encuentro genuino con el dador de la ley.

Hoy en día no ha cambiado nada, seguimos viendo el mismo Mal Comportamiento o aún peor de Sepulcros Blanqueados en las congregaciones sin importarles las almas que se pierden en el mundo. Nosotros no somos el camino a la salvación. Solo Jesús es el Camino, La Verdad y la Vida, no pongamos condiciones para andar en ese Camino.

Juan 14:6: 6 Jesús le dijo: Yo soy el camino, y la verdad, y la vida; nadie viene al Padre, sino por mí.

"Jesucristo es el único camino hacia la perfección"

Luis Avilés
Julio 12, 2016 7:00pm

"JUECES SIN JUICIO PARA JUZGAR"

Con frecuencia escucho a personas decir cosas como "juzgar es pecado" y "solo Dios puede juzgarme". ¿Eso es cierto? ¿Qué enseña la Biblia sobre juzgar?

Juzgar no siempre está mal, pero la hipocresía sí.

Los versículos claves que algunas personas usan para afirmar que no debemos juzgar a otros, se encuentran en el relato del Sermón Del Monte:

> "No juzguéis para que no seáis juzgados. Porque con el juicio con que juzguéis, seréis juzgados; y con la medida con que midáis, se os medirá" (Mateo 7: 1-2).

Ver lo que Jesús continúa hablando nos hace entender mejor lo que nos dice sobre la hipocresía:

> "¿Y por qué miras la paja que está en el ojo de tu hermano, y no te das cuenta de la viga que está en tu propio ojo? ¿O cómo puedes decir a tu hermano: "¿Déjame sacarte la paja del ojo", cuando la viga está en tu ojo? ¡Hipócrita! Saca primero la viga de tu ojo, y entonces verás con claridad para sacar la paja del ojo de tu hermano" (Mateo 7: 3-5).

Se hace claro que Jesús condena la hipocresía. Debemos mirarnos a nosotros mismos antes de juzgar a los demás. Cristo nos habla de sacarnos la viga de nuestro ojo antes de sacar la paja del ojo de alguien más, pero mira lo interesante: No está mal sacar la paja del ojo de los demás sin ser hipócritas. No es pecado juzgar cuando no somos hipócritas. De hecho, es algo correcto.

Si veo que mi hermano está mal, en algo que lo aparta de Dios, yo tendría que odiarlo mucho para callar y no buscar ayudarlo, ¿no crees? Consentir el pecado en los demás no es amar.

> **Romanos 2:1 es otro pasaje que muchos usan para decir que juzgar es malo: "Por lo cual no tienes excusa, oh hombre, quienquiera que seas tú que juzgas, pues al juzgar a otro [las personas que el apóstol menciona en el capítulo anterior], a ti mismo te condenas, porque tú que juzgas y practicas las mismas cosas".**

Pero allí se condena de nuevo la hipocresía, no el juzgar como tal. De hecho, ¡Allí Pablo está juzgando a la gente que juzga injustamente a otros! Una de las mayores necesidades de la iglesia de hoy es el discernimiento. Es clave que los verdaderos cristianos se desliguen de lo que es falso si queremos impactar al mundo. Los falsos cristianos son el mayor obstáculo para el evangelismo auténtico. Necesitamos saber que una iglesia donde se toleran vidas sin santidad (desde el interior hasta el exterior) no es una iglesia.

¿No has notado cómo las personas que más predican que juzgar es malo, generalmente parecen falsos cristianos, no demuestran conocimiento bíblico o predican un falso evangelio?

Es importante juzgar bíblicamente. Eso es parte de amar. Es mi oración que Dios nos de discernimiento, humildad y valentía para juzgar con justicia cuando sea necesario.

"Jueces sin juicio para juzgar"

Luis Avilés
Octubre 18, 2016 12:15am

"SI EL SEÑOR NO EDIFICA LA CASA, EN VANO TRABAJAN LOS QUE LA EDIFICAN;" SALMO 127: 1A

DEJEMOS QUE DIOS SEA el CENTRO de nuestras Vidas, de nuestra Casa, de nuestros Corazones, de nuestros Matrimonios, de nuestra Familia.

Él es el Arquitecto, nosotros trabajamos según el Plan Trazado del Maestro de la Construcción. Cada pieza, cada elemento, cada herramienta, cada pedazo de madera, cada pedazo de hierro tiene suma importancia en la edificación de la Casa, pero de nada vale que tengamos todas las partes y tengamos los planos si no sabemos leer y vivir lo escrito por el Autor, ¿Arquitecto llamado Jesús?

Es tiempo de que conozcamos al que Edifica nuestra Casa y hacerlo parte integral de nuestras vidas, entonces podemos decir que no trabajaremos en vano porque estamos dejando que El sea El Centro de nuestras Vidas.

"Dios tiene el control"

"ROMANOS 2"

La imagen que podamos proyectar es importante para triunfar, pero lo único que nos puede mantener en el éxito es la calidad de la veracidad de lo que somos.

Es necesario "ser" en vez de "parecer".

Al apóstol Pablo le preocupaba que la congregación en roma se especializara solo en parecer.

El cristianismo es mucho más que un sobrenombre. Un cristiano solo oidor de la palabra por lo general con su testimonio hace quedar mal el nombre de Dios entre los no creyentes.

Lo único que necesitamos para recuperar nuestra dignidad delante de Dios es el arrepentimiento para dejarnos de llamar un simple "evangélico, pentecostal o cristiano" y pasar a ser UNA NUEVA CRIATURA EN CRISTO, la cual es nuestra verdadera identidad.

2 Corintios 5:17.

"Romanos 2"

Luis Avilés
Pastor CDLF

LA CRITICA Y LA QUEJA

"Aconteció que el pueblo se quejó a oídos del Señor" y ardió su ira. Se encendió entre ellos un fuego que consumió uno de los extremos del campamento

NÚMEROS 11:1

"LA QUEJA Y LA CRITICA"

LO QUE DE VERDAD hiere es la crítica negativa de parte de la gente cercana. Es duro que aquellos a quien amas, admiras y respetas censuren tus sueños e ideales. Pero si quieres ver estos últimos realizados, tendrás que pagar también ese precio.

Por un lado, hay que aceptar el punto de vista de otros, pero por otro, habrá momentos en la vida en que lo correcto sea no escuchar lo que dicen los demás, como lo dijo la primera mujer estadounidense en alcanzar la cumbre del Monte Everest: 'Si hubiera escuchado las opiniones de la gente, nunca habría escalado el Everest.'

Si Dios te ha dado una promesa y un propósito, y si tu corazón es recto, entonces haz caso omiso de la crítica no justificada y aférrate a este versículo:

"Así que no juzguéis nada antes de tiempo, hasta que venga el Señor, el cual aclarará también lo oculto de las tinieblas y manifestará las intenciones de los corazones. Entonces, cada uno recibirá su alabanza de Dios" (1 Corintios 4:5).

El hecho de juzgar a los demás trae la ira de Dios sobre nosotros. Él estará en contra nuestra porque este pecado es especialmente satánico. Lo que Satanás hace es juzgar y acusar. Juzgar es una de las manifestaciones de nuestro orgullo manipulado por Satanás. Con gran presuntuosidad nos sentamos a juzgar todo lo que vemos u oímos acerca de otros, usualmente sin conocer los motivos de su conducta o sus errores. Juzgar es un veneno satánico en nuestros corazones que puede traernos terrible juicio si persistimos en ello. Jesús nos dice esto claramente con estas palabras al dirigirse a los que juzgan: "¡Hipócrita!" (Mt. 7:5). Jesús amenaza a los hipócritas diciéndoles que o entrarán en Su reino, sino que irán al reino del infierno; ellos estarán con el "Padre de mentira". De modo que el espíritu de crítica, alimentado por el acusador, es nuestro mayor enemigo. Tenemos que odiarlo desde lo profundo de nuestros corazones y no tolerarlo en lo más mínimo, a menos que queramos hallarnos en el reino del acusador, en vez de ir al reino de Jesús.

Por Fe tenemos que apropiarnos del poder redentor de la sangre de Jesús. Esto sólo ocurrirá cuando libremos una batalla intensiva contra este pecado, en una lucha diaria de fe y oración. Esto incluye el "sin embargo" de la fe, a pesar de las derrotas que experimentemos: "¡Soy redimido para amar y perdonar!".

Cualquiera que esté dispuesto a resistir en esta batalla, a pesar de sus fallas, a creer en la redención de Jesús, quedará libre de este gran pecado de la crítica.

"Dejemos la queja y la crítica"

Luis Avilés
Septiembre 5, 2015 7:25 am

COMPROMISO

"Todo cristiano debe ser tanto conservador como radical; conservador en la preservar en la fe y radical en su aplicación".

JOHN STOTT

"EVANGELIO EMOCIONAL O EVANGELIO DE CONVICCIÓN"

EL APOSTOL PEDRO ES un gran ejemplo del tema arriba expuesto. "O somos o no somos, estamos o no estamos"?

Durante el caminar y peregrinar del Maestro en ésta tierra podemos ver la necesidad de tener gente que pudieran ayudarle en su vida ministerial. Estamos hablando de un Jesus humano, necesita ayuda.

Sabemos que él escogió 12 apostoles para poder ejercer la labor con mayor facilidad. En los evangelios sinópticos podemos leer la realidad de lo que vivió el Mesias alrededor de hombres que no habian tenido un encuentro con el Dios de Abraham, Isaac y Jacob. Andaban con Cristo pero no le conocian.

Nadie podrá negar el cambio que se dio en la personalidad de Pedro despues de la resurrección del Maestro y de lo sucedido en el Aposento Alto. Históricamente, fue de tal magnitud, que aún hoy día, constituye un serio reto, para los ateos.

Con datos incontrastables, se sabe que Pedro, en vida de Jesús, fue un desconocido pescador de Galilea, casado, sin estudios, ignorante, seguidor de Jesús por motivos espurios, EMOCIONALISTA, ambicioso de gloria terrena e ilusionado por un Reino mesiánico, de gran corazón, impulsivo, cobarde, presuntuoso, traidor a su Maestro a quien abandonó y negó conocer ante la acusación de una mujer. Miedoso y escondido, no cree en el anuncio y testimonio ajeno de la resurrección de Jesús.

Simón Pedro vacilaba de manera angustiosa; pasaba repentinamente de un extremo al otro (Inestable emocionalmente). Primero se negó a que Jesús le lavara los pies. Después de todo, Jesús sabía que las faltas de Pedro provenían de la cabeza y no del corazón (Como a muchos nos suele ocurrir). Pedro representaba una de las combinaciones más inexplicables de coraje y cobardía que se hayan visto nunca sobre la Tierra. Pedro amaba real y sinceramente a Jesús, y sin embargo, a pesar de esta sublime fuerza de devoción, era tan inestable y variable que permitió que una criada le importunara hasta el punto de renegar de su Señor y Maestro. En el huerto de Getsemaní, cuando iban a apresar a Jesús, impulsiva y carnalmente, le corta la oreja a uno que venía a prender al Maestro. Era un hombre de decisión rápida y de acción repentina. Mientras que los demás hablaban asombrados al ver a Jesús en la playa, Pedro saltó al agua y nadó hacia la tierra para reunirse con el Maestro.

Este Pedro es el mismo que poco tiempo después, habla y actúa como el líder del grupo ante las autoridades religiosas y civiles; que obra milagros, que aparece en el templo, que proclama en público sin miedo, pese a amenazas, cárcel y castigos de los sumos sacerdotes judíos -enfrentándose a ellos- que "deben obedecer a Dios, antes que a los hombres"-; que proclama a Jesús como el Mesías anunciado por las Escrituras y que acusa de deicidio a dichas autoridades; que predica en las calles y plazas, que insta a la conversión y que bautiza a los judíos que se lo piden.

Nuestra actitud en éste caminar en el Reino de Dios no debe estar condicionada a Emocionalismo, ruidos, brincos, saltos para poder "entender" que eso es realmente el verdadero mover del "espiritu". Lo emocional tenemos que controlar para no caer en error y entender que nuestra vida tiene que ser una de CONVICCIÓN. Que vendrán diferentes temporadas, Amén, pero eso no puede cambiar nuestra convicción ante nuestro Salvador.

No podemos quedarnos Simón, pasemos a nuestro aposento para que nuestro nombre sea un verdadero Hijo De Dios.

"Evangelio emocional

O Evangelio de Convicción"

Luis Aviles
Febrero 13, 2019 8:46am

"SERÁ CRISTO EL CENTRO DE NUESTRAS VIDAS?"

La mayoría de las personas no han reconocido el derecho a gobernar que tiene Jesús sobre y en nuestras vidas. Rechazan su señorío y hacen lo que quieren. Por eso abunda el pecado, causando estragos en la vida de muchos. Las buenas noticias son que: En donde abundó el pecado sobreabundó su Gracia y segundo, Dios tiene un plan, que no puede ser detenido.

Un día, todo el mundo reconocerá la autoridad de Jesús. Tal como Dios ha prometido, todo lo que está en el cielo (los ángeles y los seres creados) y todos los que están en la Tierra, incluyendo aquellos que rechazaron a Jesús, se arrodillarán delante de Él (Fil 2.10). ¡Qué día tan glorioso y triunfante será ese!

Pero, antes de que llegue ese día, los que seguimos al Salvador debemos inclinar y someter nuestra voluntad a la suya. QUE DIFICIL SE HACE ESTO.

Si Jesús es Señor sobre nosotros, reconoceremos que nuestra vida gira alrededor de Él y que existimos para sus propósitos, no para los nuestros. Un ejemplo sencillo es: AMAR A DIOS Y LUEGO A MI HERMANO COMO A MI MISMO; También sus prioridades serán las nuestras y sus planes tendrán precedencia sobre los nuestros. Además, con nuestros labios confesaremos su señorío sobre nosotros (Gal. 2.20), diremos a otros que Él es nuestro Salvador, y testificaremos de lo que ha hecho por nosotros. Nuestras decisiones reflejarán el deseo de ser un testimonio vivo de su señorío en nuestra vida.

Rendirnos al control del Señor Jesús es la decisión más sabia que podemos tomar. Por qué TODO NOS SALDRÁ BIEN

¿Es Él, en verdad, el Centro de su vida?

"Será Cristo el Centro de nuestras vidas?"

Luis Aviles

"COMPROMISO, PASTOR, OVEJAS Y CABRITAS"

"Mi compromiso es con Dios primero y luego con el hombre.

Lo que hago no es para agradar al hombre es para Agradar a mi Dios."

Las congregaciones no son lugares para diversión o pasar un buen rato. La congregación no es para hacer sentir bien al que viene "convencido" pero no convertido o "para ver si le gusta lo que va pasando" porque si no le gusta se va..."

El redil es donde el pastor le dá alimento, pastos frescos a cada oveja, agua, las atiende, las cuida, las curas de cualquier enfermedad y tambien las reprende, les enseña y ellas obedecen.

Lo más común:

"Eso lo predicó por mí, el pastor dijo eso por mí". Seguro que fue por ti, el pastor le dá la misma comida, alimentos a todas las ovejas por igual.

"Eso es manipulación del pastor, el pastor manipula la gente".

¿Desde cuándo se le llama "manipulación" a proteger las ovejas de Cristo? Proteger las ovejas de depredadores que quieren maltratar y devorar lo que es propiedad de nuestro Dios. ¿A caso usted no protegería a sus hijos de malas compañías, falsos amigos?

Lo que Dios ponga en el corazón de un Pastor para liderar ese redil que le pertenece a nuestro Salvador, es exactamente lo que

Dios quiere para ese lugar y sus ovejas. Dios sabe lo que necesitan las ovejas de ese redil. No existe modelo a seguir, logística ninguna. Dios hace lo que quiere y como quiere sin importarle el gusto suyo o su deseo de ser complacido. Vigilias o no vigilias, retiros o no retiros, conciertos o no conciertos, gritos o no gritos, emoción o no emoción; si Dios lo dice se hace y punto.

(Y si hay algun modelo es el: pastor cuida las ovejas)

La Palabra de Dios es clara y dice:

> Mateo 10:16 "Mirad, yo os envío como ovejas en medio de lobos; por tanto, sed astutos como las serpientes e inocentes como las palomas."

> Mateo 25:32-33 "y serán reunidas delante de Las todas las naciones; y separará a unos de otros, como el pastor separa las ovejas de los cabritos. Y pondrá las ovejas a su derecha y los cabritos a su izquierda."

> Juan 10:1-16: "En verdad, en verdad os digo: el que no entra por la puerta en el redil de las ovejas, sino que sube por otra parte, ése es ladrón y salteador. Pero el que entra por la puerta, es el pastor de las ovejas. A éste le abre el portero, y las ovejas oyen su voz; llama a sus ovejas por nombre y las conduce afuera..."

"Compromiso, pastor y ovejas"

Tags:

Oveja perdida (pastor va por ella) Lucas 15

ojo, habla de OVEJA

- ¿¿Cabritas?? Juan 10
- Las perlas no se le dan a los cerdos! Mateo 7:6
- Huye el IMPIO sin que nadie lo persiga. Proverbios 28:1
- La Verdad es ofensiva. Salmo 15:2-3
- La Verdad duele. 1 Juan 1:6
- La Verdad trae libertad. Juan 8:31-32

Luis Avilés
Pastor CDLF

"DEJA QUE DIOS TOME EL CONTROL, TODO CAMBIARÁ"

NOSOTROS LOS SERES HUMANOS somos grandes emprendedores, pero muy seguido no concluimos lo que empezamos. Dejamos edificios sin terminar, libros sin concretar, proyectos sin finalizar. Puede que no siempre terminemos lo que empezamos, pero Dios siempre termina lo que Él empieza.

Dios no creó un ave con solo la mitad de un ala. El no creó una flor incompleta o una media estrella. Él pone los toques finales en todo lo que hace, y entonces dice: "Es bueno".

La Biblia dice que cuando Jesucristo comenzó su ministerio, Él completó lo que empezó, a pesar de nuestras fallas, faltas, malas decisiones, pecados y circunstancias a las que nos encontramos. Un día, cuando lleguemos a morar con El, seremos como Jesús, porque lo veremos tal como Él es. Y ese es el propósito. Dice el Apóstol Pablo:

> "Estoy convencido de esto: el que comenzó tan buena obra en ustedes la irá perfeccionando hasta el día de Cristo Jesús." Filipenses 1:6 NVI

Mientras tanto, si queremos disfrutar a la gente que nos rodea, necesitamos ser pacientes con su progreso. Debemos permitirles crecer y desarrollarse. Pablo diría: "Ya no soy el hombre que era, gracias a Dios. Pero también, gracias a Dios, aún no soy el hombre, en el que me convertiré. Estoy creciendo y cambiando".

Si deseas disfrutar tu matrimonio, debes aprender a disfrutar de tu esposo o esposa mientras le permites crecer y desarrollarse. No importa los errores del pasado, las circunstancias que tuviste que pasar, te diré como dice,

> **2 Corintios 5:17: "De modo que, si alguno está en Cristo nueva criatura es, lo viejo pasó, todo, todo será hecho nuevo".**

De otro modo, para cuando cumplan tus expectativas, ya tendrás más expectativas que querrás que cumplan. ¡¡¡Recuerda, El terminará la obra que comenzó!!!

Padres, si quieren aprender a disfrutar de sus hijos, tienen que aprender a disfrutarlos en el proceso de su crecimiento, porque no existe el niño perfecto.

No existe NADIE perfecto. Si demandas perfección a la gente que te rodea para que tú los puedas disfrutar, vas a ser miserable por el resto de tu vida. Nadie es perfecto. Por lo tanto …

"Deja que Dios tome el control, todo cambiará"

Luis Avilés
Octubre 23, 2015 6:15 am

"OBLIGACIÓN O COMPROMISO"

EN NUESTRO CAMINAR COMO "cristianos" a veces nuestras costumbres de años como "evangélicos" nos hace sentir "OBLIGADOS" a servir a Dios, obligados a servir a nuestros pastores, obligados a servir en nuestra congregación o servir a nuestros hermanos. Lo hacemos por costumbre y a veces NO LO HACEMOS. No nos importa si servimos, no nos importa nuestro hermano, no nos importa la congregación, no nos importa la comunidad y la Gran Comisión que nos dejó nuestro máximo líder Jesús y menos nos importa el pastor o la iglesia. Esto significa que No Existe Compromiso Genuino con nuestro Dios.

Es algo curioso ver como fácilmente nos comprometemos con diferentes actividades y personas en nuestra vida, pero difícilmente mantenemos nuestro compromiso con Dios.

- Compromiso: Obligación contraída.
- Obligación: Correspondencia que alguien debe tener y manifestar al beneficio que ha recibido de otra persona.

Ahora usamos mucho en el mundo la palabra "SIN COMPROMISO" puede ver este producto sin compromiso, puede visitarnos sin compromiso, estamos juntos sin compromiso, en fin, usamos esta palabra para demostrar que no estamos OBLIGADOS a algo, pero ignoramos muchos de nosotros los beneficios que obtenemos al estar comprometidos, por ejemplo, en una relación con compromiso matrimonial los hijos son beneficiados al igual que el cónyuge.

Vamos a la iglesia cuando queremos, leemos la Biblia cuando queremos, oramos cuando queremos sin nombrar claro está que amamos a Dios cuando queremos. Nuestra vida misma refleja esa falta de compromiso que llevamos con Dios.

No tenemos un compromiso REAL con Dios, ni hemos mantenido muchas veces nuestras promesas y si las mantenemos solo son por un poco de tiempo y después las olvidamos.

Dios quiere que nos comprometamos con El, que veamos no solo sus bendiciones y las cosas que podemos obtener de él, sino también que tomemos nuestras obligaciones, y seamos fieles a ellas pues así lo honramos. (Ezequiel 2:1-5, Lucas 9:62, Hebreos 10:22-25)

Muchas veces es casi imposible por razones de trabajo asistir a la casa de Dios, pero cuando hay oportunidad, tenemos que ir, para que juntos podamos buscar de Dios, tenemos un compromiso, honra ese compromiso, se fiel con tu compromiso con Dios.

El cristiano no solo tiene derechos como hijo, también el ser "hijo" te da responsabilidades y obligaciones, ¿las estamos cumpliendo?

Números 30:2 Cuando alguno hiciere voto a Jehová, o hiciere juramento ligando su alma con obligación, no quebrantará su palabra; hará conforme a todo lo que salió de su boca.

"Obligación o Compromiso"

Luis Avilés
Mayo 3, 2016 8:15 aM

"SEGUIR A JESÚS NO ES UNA OBLIGACIÓN, ES UN COMPROMISO"

MUCHAS PERSONAS HAN SIDO miembros de una congregación por muchos años, se congregan algunas veces todos los días, hablan con un vocabulario super "cristiano", con frecuencia los escuchamos decir cuando les preguntan ¿cómo ha estado hermano?, y responden "En victoria, si se pone mejor se daña", casi siempre tienen una respuesta de gran espiritualidad, pero la realidad es otra. Entonces nos podemos preguntar: ¿Cómo está nuestra relación con Jesucristo? ¿Hemos sido tocados realmente por el Señor? ¿Lo conocemos realmente? ¿Hemos tomado su cruz y le seguimos?

El problema es que aun siendo cristianos nuestra relación con el Señor está muchas veces muy fría, o distante. ¿Qué sentimos realmente cuando escuchamos la palabra de Dios? ¿Nos emociona? ¿Tratamos de vivirla o puede más el orgullo? Muchas veces llegamos al templo para dar la impresión de que estamos cumpliendo verdaderamente lo que manda la Biblia, pero criticamos el sermón, o criticamos al predicador, porque creemos que nosotros sabemos más, que estamos mejor preparados del que está predicando, o simplemente, nos hemos enfriado tanto que ya no nos toca el corazón.

¿Pero por qué? Porque nuestro corazón está muy lejos de seguir a nuestro Máximo Lider Jesús, estamos cumpliendo con una tradición cultural adquirida por herencia y no porque tengamos un COMPROMISO con nuestro Salvador.

"Seguir a Jesús no es una obligación es un Compromiso"

Luis Avilés
Mayo 27, 2016 7:00am

"CUIDA TU CORAZÓN, GUÁRDALO"

CUANDO SALOMÓN SE REFIERE a guardar el corazón, él realmente quiere decir la esencia interna de una persona, los pensamientos, sentimientos, deseos, voluntad y decisiones que hacen lo que una persona es. La biblia nos dice que nuestros pensamientos a menudo determinan lo que llegamos a ser (Proverbios 23:7; 27:19). La mente de un hombre refleja lo que realmente es, no sólo por sus acciones o palabras. Es por eso que Dios examina el corazón de un hombre, no simplemente su apariencia externa y lo que aparenta ser (1 Samuel 16:7).

Así como hay muchas enfermedades y trastornos que pueden afectar al corazón físico, hay muchas dolencias del corazón espiritual que puede afectar el crecimiento y el desarrollo como creyente. La arterioesclerosis es un endurecimiento de las arterias debido a la acumulación de placas de colesterol y cicatrices en las paredes arteriales. Endurecimiento del corazón espiritual también puede ocurrir. El endurecimiento del corazón se produce cuando se nos presenta la verdad de Dios, y nos negamos a reconocerla o aceptarla.

Aunque Egipto fue afligido con calamidades una tras otra cuando el faraón se negó a liberar a los israelitas de su esclavitud, él endureció su corazón contra la verdad de que Dios todopoderoso quería liberar a su pueblo de Egipto (Éxodo 7:22). En el Salmo 95:7-8, el rey David le suplicó a su pueblo para que no endurecieran sus corazones en rebelión contra Dios como lo hicieron en el desierto. Hay muchas cosas que pueden endurecer el corazón y pueden llevar a una persona a negar a Dios y, al igual que el colesterol bloquea el flujo sanguíneo, no permiten que el creyente tenga un libre fluir de la paz y las bendiciones de Dios que se derivan de la obediencia. Protegerse contra un espíritu rebelde y cultivar un espíritu de obediencia sumiso a la palabra de Dios, es por lo tanto el primer paso para guardar el corazón.

Evitar el enojo, el orgullo y la tentación, también son elementos esenciales para guardar el corazón. El apóstol Pablo nos instruye, "Por lo demás, hermanos, todo lo que es verdadero, todo lo honesto, todo lo justo, todo lo puro, todo lo amable, todo lo que es de buen nombre; si hay virtud alguna, si algo digno de alabanza, en esto pensad" (Filipenses 4:8). Permaneciendo en estas cosas, nos ayudará a construir un vallado de protección alrededor de nuestros corazones.

"Cuida tu corazón, guárdalo"

Luis Avilés
Pastor CDLF

"COMO HIJOS DE DIOS TENEMOS PRIVILEGIOS Y POSECIONES QUE NUESTRO SALVADOR NOS OTORGA"

(***Privilegio*** *es algo que no nos pertenece*)
(***Posesión*** *es algo que nos fue dado o comprado*)

Ambos podemos perder si no cuidamos de ellos.

Nuestros hijos, nuestra familia, todo lo que tenemos es un privilegio para tener, pero NO NOS PERTENECE, todo es de nuestro Dios.

La salvación fue comprada por nuestro Mesías Jesucristo a un precio muy alto, y nosotros por su Gracia somos salvos. Pero está de nuestra parte CUIDAR lo que se nos dio por PRIVILEGIO porque aún no somos dueños de tan preciado regalo. Lo que Él nos dá nunca nos lo quita, procuremos no darle la espalda al que lo dejó todo para morir por nosotros y hacer la voluntad del Padre, Jesús.

>Filipenses 2:12: "Por tanto, mis queridos hermanos, así como ustedes me han obedecido siempre, y no sólo cuando he estado entre ustedes, obedézcanme más ahora que estoy

lejos. Hagan efectiva su propia salvación con profunda reverencia;"

2 Timoteo 1:9: Pues Dios nos salvó y nos llamó a una vida santa, no por nuestras propias obras, sino por su propia determinación y gracia. Nos concedió este favor en Cristo Jesús antes del comienzo del tiempo.

Romanos 10:10: Porque con el corazón se cree para ser justificado, pero con la boca se confiesa para ser salvo.

Tito 2:11-12: En verdad, Dios ha manifestado a toda la humanidad su gracia, la cual trae salvación y nos enseña a rechazar la impiedad y las pasiones mundanas. Así podremos vivir en este mundo con justicia, piedad y dominio propio.

"...NOS COMISIONÓ!"

LA MISIÓN DE LA Iglesia Jesús dijo: *"yo edificaré mi Iglesia"* (Mateo 16:18). Él la edificó y sigue siendo la cabeza de la Iglesia (Efesios 1:22; 4:15). Entonces, ¿qué labor les encomendó a sus seguidores que se convirtieron en su Iglesia?

Después de su muerte y resurrección, Jesús les dio a sus discípulos su plan de acción. Él les ordenó: *"Por tanto, id, y haced discípulos a todas las naciones, bautizándolos en el nombre del Padre, y del Hijo, y del Espíritu Santo; enseñándoles que guarden todas las cosas que os he mandado; y he aquí yo estoy con vosotros todos los días, hasta el fin del mundo"*.

Jesús también les encomendó a sus seguidores que predicaran a todo el mundo el evangelio del Reino de Dios (Marcos 16:15; Mateo 24:14).

Su gran comisión es:

"Id y predicad el evangelio a toda criatura..."

¿ACASO ESTÁ DIVIDIDO EL CUERPO DE CRISTO?

1 Corintios 1

> 10 Os ruego, pues, hermanos, por el nombre de nuestro Señor Jesucristo, que habléis toda una misma cosa, y que no haya entre vosotros divisiones, sino que estéis perfectamente unidos en una misma MENTE y en un mismo parecer.
>
> 13 ¿Acaso está dividido Cristo? ¿Fue crucificado Pablo por vosotros? ¿O fuisteis bautizados en el nombre de Pablo?

Una Sola Verdad, diferentes perspectivas

"¿Acaso Cristo está dividido en fracciones? ¿Fui yo, Pablo, ¿crucificado por ustedes? ¿Fue alguno de ustedes bautizado en el nombre de Pablo? ¡Por supuesto que no!".

La manera en que vemos y enfrentamos el día con día está determinada por un conjunto de conocimientos, experiencias y vivencias personales, de modo que es prácticamente imposible encontrar a dos personas idénticas en sus modos de pensar y vivir. Este mismo conjunto de características personales también influyen a la hora que conocemos a Dios y leemos su Palabra.

Por ejemplo:

    A. Alguien que creció en un ambiente de dolor será impactado

por el amor de Dios de una manera más fuerte por consiguiente su testimonio y mensaje será del Amor,
2. Alguien que ha tomado decisiones equivocadas que han marcado su vida, se identificará y hablará más de las porciones que hablan del perdón, la gracia y la misericordia;
3. Alguien que ha pasado tantas aflicciones, pasado oscuro, de tristeza querrá leer sobre la fortaleza que hay en el gozo de Dios y su mensaje o testimonio será ese.

El hecho de que nuestro corazón sea saciado de manera diferente al acercarnos a Dios no implica que cada persona haya conocido a un Dios distinto, sino que no hay necesidad que Él no pueda saciar. Escuchar hablar a alguien que ama a Dios siempre será escuchar solamente una porción de lo que el Señor ha hecho, ¡hay mucho más por descubrir!

El Reino de Dios es de misterios, de lo Grande y lo Oculto que Él nos enseñará.

Debemos preocuparnos por seguir buscando más y más, escudriñando más y más para poder dar más de lo que Él nos revela.

Si hay gente que hablan de SANTIDAD amen,
Si hay gente que hablan de Fe amen,
Si hay gente que hablan de Justicia amen,
Si hay gente que hablan de las obras de la carne amen,
Si hay gente que hablen del fruto del Espíritu amen,
Si hay gente que hablen de la Unción amen,
Si hay gente que hablen de Esperanza, Dones, Talentos, Mente de Cristo, Lenguas, Profecías, Conocimiento,

Obediencia, Fidelidad, Sometimiento, Paciencia, AMENNNNNN.

Que importa si no es el tema preferido suyo

Es un solo Cuerpo y cada órgano del cuerpo tiene una función diferente, es un Evangelio, Es un Ejército y en un ejército se necesita aprender de todo. ¿¿¿Estamos combatiendo contra un reino de las tinieblas, hasta cuando no entenderemos eso???

De todo hombre y mujer que ama a Dios aprenderemos un poco más de Dios y muchas veces será algo diferente entre unos y otros, ¿por qué? porque experimentaron algo diferente del corazón del Señor, ¿esto los hace a unos mejores que otros? o más comprometidos?, ¿o más o menos cristianos? ¡Por supuesto que no! NO PODEMOS JUZGAR las experiencias de los demás, lo que sí debemos hacer es usarlas para motivarnos a nosotros mismos a buscar nuestra propia experiencia con nuestro Salvador y su Palabra.

Todo tiene que girar a la luz de la Palabra de Dios y El Evangelio de Cristo. Todo fuera de la luz Bíblica es llamado falso y errado.

¿Acaso está DIVIDIDO el cuerpo de Cristo?

Luis Avilés

DIOS ES ...

Jesucristo es el mismo ayer, y hoy, y por los siglos.

HEBREOS 13:8

"DIOS SIGUE SIENDO NUESTRO FUNDAMENTO"

SABIENDO QUE LAS INCLEMENCIAS del tiempo pueden arruinar nuestra estructura, si nuestra casa está bien Fundamentada no se destruirá.

Hay situaciones en nuestro caminar que tenemos que pasar para poder ver la Bendición llegar. Pero quiero decirte que si tu vida tiene un buen fundamento solo sentirás vientos huracanados pero Tu casa se quedará en el mismo lugar.

Por supuesto, el caso de la «parábola de la casa sobre la Roca» no es diferente, también es una enseñanza envuelta en un pequeño misterio, pues no está hablando de una casa común, sino de una muy específica, la cual -si queremos extraer toda la enseñanza-, deberemos identificar.

Para comenzar nuestra tarea, deberemos notar que esta enseñanza hace referencia a dos tipos de terreno en los que se puede edificar: la roca y la arena, los cuales encontramos en cualquier costa. Asi, la casa a la que nuestro Señor alude es una construida frente al mar, pero como ya dijimos, no es una casa cualquiera.

Construir una casa sobre la roca ni es barato ni fácil, pero a la larga, cuando las olas y los vientos azotan contra esa edificiación, se aprecian los resultados. De la misma manera, cuando edificamos nuestra vida OBEDECIENDO LA PALABRA DE DIOS, ni nos resultará barato -en estrictos términos terrenales-, ni fácil, pero cuando acudamos al Juicio Eterno y azoten las olas y los vientos testificando en nuestra contra, nuestra obediencia nos habrá salvado de la ruinosa destrucción.

Ciertamente que obedecer la Palabra en términos materiales resultará lo más costoso, pero igual que como aquel que construyó su casa sobre la roca, cuando estemos en la otra vida serán recompensadas.

"Dios sigue siendo nuestro Fundamento"

Luis Avilés
Septiembre 17, 2015 6:55 am

"DIOS ES BUENO"

EN UNA OCASIÓN, UNO de los que seguían a Jesús le dijo: "Maestro bueno, ¿qué bien haré para tener la vida eterna?

Él le dijo: ¿Por qué me llamas bueno? Ninguno hay bueno sino uno: Dios. Mas si quieres entrar en la vida, guarda los mandamientos"

Claramente Jesús les daba una lección. Ellos no sabian quien era la persona que les hablaba, les enseñaba y les lideraba. Ellos eran unos simples seguidores de "El Maestro".

En otra ocasión Jesús dijo: "El que me ha visto a mí, ha visto a mi Padre". Desde el punto de visto natural y humano, era de esperar que Jesús aceptase ese calificativo que tan espontáneamente salió del corazón de este seguidor, "MAESTRO BUENO". Pero Él lo rechazó inmediatamente y apuntó el calificativo de bueno solo a Dios. En otras palabras: solo Dios debe ser considerado bueno.

Porque una de las características de la bondad de Dios, es no hacer con nosotros de acuerdo con lo que nos merecemos, sino prolongar sus misericordias para con nosotros, para no ser consumidos. Cuando Jesús le dijo "¿Por qué me llamas bueno? Ninguno hay bueno sino uno: Dios", le estaba dando una enseñanza profunda y contundente. ¿Si me llamas bueno; porque no me reconoces como Dios? Era más fácil para los judíos reconocer a Jesús como un hombre bueno, lleno de bondad para con el pueblo, hacedor de bienes a favor del pueblo, con milagros, prodigios y sanaciones en favor del pueblo, que hacían evidente que era bueno, lleno de bondad; pero no podían reconocerlo como Dios.

El problema del pueblo judío y de los religiosos de su tiempo, era que estaban ante la evidencia de un hombre lleno de la bondad de Dios, pero eran incapaces de reconocer a Dios ante sus ojos. Reconocieron que era el Hijo de Dios cuando estuvo colgado en un madero; "Verdaderamente este es el Hijo de Dios". Llamar bueno o reconocer que Jesús es bueno, estamos reconociendo que Él es Dios. Este es el mensaje que Jesús le dio al hombre que le llamó bueno en aquella ocasión: "Si puedes llamarme bueno; porqué te es difícil reconocerme como Dios"

El Evangelio es una vida nueva que nos ha sido dada, para que la vivamos conforme Dios y no conforme al mundo. Conforme al Espíritu y no conforme a la carne. Sobre la bondad de Dios hay mucho que decir y explicar, pero si quiero reiterar a mis amigos lectores esto, no es ir a un instituto, no es leer la Biblia 10 veces en el año, no es dar largas oraciones, no es gritar en un altar o hablar lenguas humanas y angélicas, todo esto es bueno y necesario. Pero lo mejor es CONOCER al Dios que predicamos, es conocer al Cristo que estudiamos, y es caminar con el Espíritu Santo que tanto hablamos.

"Dios es Bueno"

Luis Avilés
Noviembre 29, 2015 6:35 am

"DIOS ES FUEGO CONSUMIDOR"

¿SE HA PUESTO USTED a meditar sobre este verso que dice que Dios es fuego consumidor? ¿Ha leído antes algún artículo relacionado con este tema? La verdad es que muy poco o nada se ha escrito acerca de ello, porque no es fácil ver a nuestro amoroso Dios como un fuego que consume.

Este título de Dios como fuego consumidor proviene del Monte Sinaí cuando Jehová se presentó al pueblo hebreo para darles las tablas de la Ley que recibió Moisés. La presencia de Dios en el Monte fue algo super maravilloso pues su poder de destrucción se hizo manifiesto a la vez que El mismo advirtió que nadie se acercara a él porque de verdad moriría. En este libro que estoy estudiando me llama la atención que, para los judíos, esto es altamente conocido a cambio de las naciones gentiles que solo han experimentado el perdón y el amor.

Para comenzar Dios se manifestó delante de Moisés como una llama en una zarza ardiente en el Monte Sinaí, veamos este pasaje en

> **Éxodo 3:1-3** "Apacentando Moisés las ovejas de Jetro su suegro, sacerdote de Madián, llevó las ovejas a través del desierto, y llegó hasta Horeb, monte de Dios. Y se le apareció el Angel de Jehová en una llama de fuego en medio de una zarza; y él miró, y vio que la

zarza ardía en fuego, y la zarza no se consumía. Entonces Moisés dijo: Iré yo ahora y veré esta grande visión, por qué causa la zarza no se quema." En la Biblia, el monte Sinaí es también llamado Monte Horeb y el Monte de Dios. Monte Sinaí es el nombre de la montaña donde, según la Biblia, Dios entregó los Diez Mandamientos a Moisés.

Pero tambien no podemos abusar de la misericordia de nuestro Dios, y es ahí que creemos que podemos abusar de nuestro Padre como nos da gusto y deseo. Creo que todo llega a su límite, hasta el punto de que Dios tiene que enseñarnos con vara dura su Señorío sobre nosotros. Recuerden que Sodoma y Gomorra fue destruido por Jehová por su corrupción, hizo llover Fuego y Azufre sobre esa ciudad corrupta, abusiva al punto de destrucción. No abusemos de la misericordia de nuestro Padre.

El fuego de Dios se llama el Espíritu Santo, ese es el bautismo que habló Juan cuando dijo que Jesús bautizaría en Espíritu Santo y fuego. Y ese es el fuego que apareció a los discípulos aquel día que recordamos como Pentecostés el cual podemos leer en,

> Hechos 2:2-4 "Y de repente vino del cielo un estruendo como de un viento recio que soplaba, el cual llenó toda la casa donde estaban sentados; y se les aparecieron lenguas repartidas, como de fuego, asentándose sobre cada uno de ellos. Y fueron todos llenos

del Espíritu Santo, y comenzaron a hablar en otras lenguas, según el Espíritu les daba que hablasen."

La diferencia entre el fuego de Dios y el fuego del infierno es que éste no quema como la zarza ardiente que no se quemaba, como las lenguas de fuego que se posaron sobre ellos, sino que es un fuego que santifica, que purifica de malos espíritus y de pecado.

"Dios es Fuego Consumidor"

"DIOS ES EL DUEÑO DE MI VIDA"

> "Muchos de nosotros tenemos a Cristo como el Salvador de nuestra alma; Pocos lo tienen como el Dueño y Señor de sus vidas."

- ¿Cuáles son nuestras prioridades?
  - Estudio, trabajo, familia, riqueza, carrera, arte, ¿etc? todo es bueno más tiene su tiempo.
- ¿Que reina en mi vida o sobre mi vida?
- ¿Cuál es el principio de fidelidad?
- ¿Qué significa obedecer?
- ¿En quién hemos puesto nuestra confianza?
  - ¿En el Salvador o en el Dueño de mi vida como Iglesia?

Creo que no hemos entendido ese principio de que EL ES EL DUEÑO DE MI VIDA y que solo somos mayordomos de lo que Él es y nos ha dado. La Biblia es el manual de direcciones para hacer la VOLUNTAD de Dios.

¿Hemos entendido lo que Cristo quiere decir en Mateo 6:33?

> "Mas buscad primeramente el reino de Dios y todo lo demás será añadido"

Romanos 12:12

> "gozando{os} en la esperanza, perseverando en el sufrimiento, dedicados a la oración,"

Lucas 16:10

> "El que es fiel en lo muy poco, es fiel también en lo mucho; y el que es injusto en lo muy poco, también es injusto en lo mucho,"

Salmos 31:23

> "¡Amad al SEÑOR, todos sus santos! El SEÑOR preserva a los fieles, y retribuye plenamente a los que obran con soberbia."

Dueño de mi Vida

"MI DIOS ES UN DIOS DE OPORTUNIDADES!"

- Le dió la oportunidad al hombre de ser perfecto,
- Le dió la oportunidad al hombre de poder salvarse despues de desobedecer,
- Le dió la oportunidad a Sodoma y a Gomorra pero no quisieron ser salvos,
- Le dió la oportunidad al pueblo de Israel para llegar a la tierra prometida, conquistarla pero no quiso esa primera generación,
- Le dió oportunidad al pueblo de Israel de vivir bajo su propio gobierno pero escogen la esclavitud,
- Le dió la oportunidad a su pueblo de recibir libertad pero escogieron a Barrabas y crucifican a su libertador y persisten en la esclavitud,

Todavia tenemos oportunidad pero preferimos vivir ciegos espiritualmente, preferimos la esclavitud, las ataduras, darle la espalda aquel que vino a salvarnos por todo lo que nos aparta de El.

Dios nos sigue dando oportunidades pero preferimos:

> "El adulterio, fornicación, inmundicia, lascivia, 20 idolatría, hechicerías, enemistades, pleitos, celos, iras, contiendas, disensiones, herejías, 21 envidias, homicidios, borracheras, orgías, y cosas semejantes a estas; acerca de las cuales os amonesto, como ya os lo he dicho

antes, que los que practican tales cosas no heredarán el reino de Dios." Galatas 5

El solo quiere que le seamos fiel, obedientes y vivamos en Amor: "*Mas el fruto del Espíritu es amor, gozo, paz, paciencia, benignidad, bondad, fe, 23 mansedumbre, templanza; contra tales cosas no hay ley. 24 Pero los que son de Cristo han crucificado la carne con sus pasiones y deseos. 25 Si vivimos por el Espíritu, andemos también por el Espíritu. 26 No nos hagamos vanagloriosos, irritándonos unos a otros, envidiándonos unos a otros.*"

Todavia tenemos una oportunidad, pronto nos iremos a casa..

"MI FORTALEZA"

"El Señor es mi luz y mi salvación; ¿a quién podría yo temer? El Señor es la fortaleza de mi vida; ¿quién podría infundirme miedo?"
Salmos 27:1

Con lo mal que está este mundo, con seguridad podemos decir que muchos hemos experimentado problemas en el pasado, quizás estamos experimentando problemas en este preciso momento y por si fuera poco probablemente experimentaremos problemas en el futuro.

La realidad es que la gran mayoría de nosotros no estamos buscando estos problemas, sin embargo, vivimos en un mundo caído, lleno de maldad y de terror. Un mundo donde muchas de las circunstancias están fuera de nuestro control, un mundo donde gente mala toma decisiones malas y que de alguna manera afectan nuestras vidas.

En el Salmo 27, David habla de los problemas que él estaba experimentando en su momento, él nos habla de gente malvada que tenían planes de acabarlo y destruirlo. No obstante, lo más interesante de este Salmo está en el primer versículo; David no menciona sus circunstancias, primeramente, en lugar de eso el empieza meditando en el carácter de Dios. El empieza definiendo a Dios en tres formas. Luz, Salvación y Fortaleza.

Dios es Luz

En un mundo donde todo es obscuro, impuro y lleno de injusticia; la luz de Dios representa todo lo que es correcto, puro y justo. Aunque la maldad esta reinando en este mundo, los que buscan a Dios aún pueden ver su luz salvadora y justiciera esperando que algún día cada partícula de obscuridad sea reemplazada con la gloriosa venida de Jesús.

Dios es Salvación

Aun cuando pensemos que en este mundo la gente mala está ganando la batalla, la verdad es que la Biblia nos dice claramente que al final la maldad no prevalecerá. La salvación en Jesús vencerá, en sus más amplios términos, su salvación significa la liberación del mal.

Dios es Fortaleza

En estos tiempos problemáticos donde todos necesitamos refugio y protección tenemos la necesidad de buscar a Dios. La impotencia de no poder hacer algo nos debilita, es por eso que Dios se ofrece a sí mismo como un edificio fortificado donde podemos correr, refugiarnos y llenarnos de fortaleza. En estos tiempos perversos en donde nadie se siente seguro, en donde todos nos sentimos muy vulnerables necesitamos de la fortaleza que Dios nos ofrece.

Anímate, no importa a que problemas puedas enfrentarte hoy. Recuerda, Dios es tu Luz personal, Tu Salvación personal y tu Fortaleza personal. Corre, refúgiate y adquiere fortaleza bajo su sombra.

"Mi Fortaleza"

Luis Avilés
Abril 12, 2016 6:30 am

"LO QUE ES TUYO NADIE TE LO QUITA"

EL PUEBLO DE ISRAEL es el Pueblo amado por Dios, la Niña de sus ojos, ¿acaso no eran tercos? ¿Acaso no eran desobedientes? ¿Acaso su plato preferido no era la murmuración y la Idolatria? ¿Acaso no negaron al mesías Jesús y prefirieron libertar a barrabás en vez de libertar al Hijo de Dios? ¿Acaso no vituperaron, se mofaron del libertador del hombre? Sin embargo, Dios mantuvo su promesa de darles una tierra que fluye leche y miel, la Tierra Prometida.

> **Porque "Dios no es hombre para mentir ni hijo de hombre para que se arrepienta"** (Números 23:19)

Por tanto, Si Dios dijo que es tuyo, nadie te lo podrá quitar.

¿Crees que Dios sería capaz de decirte, mira, lo que diseñé para ti, mira esto, lo he reservado para ti y luego venir a decirte, no, se lo di a otra persona?, ¿Crees que despues que aceptaste la verdad, recibiste ese regalo de parte de tu Salvador, ahora él te pide lo que él te ha regalado? ¿me di cuenta de que no te lo merecías…? ¿Crees que Dios haría esto? El Dios al que tú y yo le servimos no es así. Él tiene una sola palabra,

> "No hay mudanza, ni sombra de variación en Él" (Santiago 1:17) como lo dice Su palabra.

Si Dios te dijo que es tuyo, nadie te lo podrá quitar, no te preocupes, Dios ha preservado ese regalo para ti y a Su tiempo lo tendrás, ¡¡¡¡¡¡**Dios es fiel**!!!!!!

"Lo que es tuyo, nadie te lo quita"

Luis Avilés
Agosto 15, 2016 6:45pm

EL ESPIRITU SANTO
El Espíritu Santo tu mejor amigo

"LA CLAVE PARA SOPORTAR LAS AFLICCIONES"

DIOS NOS HA DADO muchas promesas maravillosas en su Palabra. Sin embargo, aunque contamos con su amor inalterable (Romanos 8. 38, 39), provisión (2 Corintios 9.8) y guía (Proverbios 16.9), no nos ha prometido una vida libre de dificultades. No obstante, si podemos contar con que el Señor hará que todas las cosas, incluso las adversidades, sean para nuestro bien (Romanos 8.28).

Mucho antes de que el apóstol Pablo escribiera esta palabra de aliento a la iglesia en Roma, José aprendió el mismo principio al experimentar su verdad. De todos modos, su confirmación se produjo varios años después de que terminara su injusto sufrimiento. En medio de sus dificultades, es poco probable que haya entendido lo que Dios estaba haciendo en su vida.

Lo mismo es verdad para nosotros. Cuando nos alteramos por hechos turbulentos, es difícil dejar de mirar las circunstancias con horror o confusión. Pero debemos decidir creer lo que dice la Biblia acerca del carácter, la obra y la voluntad de Dios. Esa decisión quita nuestra atención de la tormenta, y la dirige hacia Aquel responsable de guiarnos de manera segura.

LA VERDAD SEGUIRÁ SIENDO LA VERDAD.

En su presencia, los temores disminuyen y las dudas se disuelven; la paz y la sensación de unidad con el Señor tomarán su lugar. Nuestra responsabilidad es mantener nuestros ojos en Dios, y confiar en la fortaleza, la sabiduría y la valentía que nos da el Espíritu Santo.

Acudir al Señor no siempre pondrá fin a las dificultades, pero nos ayudará a entender que estamos donde Él quiere que estemos. Dios tiene una razón para nuestro desasosiego, y cualquiera que sea la situación, el lugar más seguro del mundo es el centro de su voluntad.

Luis Avilés

"CUÁL DEBERÍA SER LA META DE NOSOTROS COMO CRISTIANOS?"

EN EL PASAJE QUE se encuentra en Filipenses 3:1-17 *Pablo inspirado por el Espíritu Santo nos muestra tres aspectos muy importantes que los llevara en dirección a esa meta.* En primer lugar, debemos entender que:

I. La meta que debemos alcanzar como cristianos no la alcanzamos llevando una vida religiosa:

> "Cuídense de esos perros, cuídense de esos que hacen el mal, cuídense de esos que mutilan el cuerpo. Porque la circuncisión somos nosotros, los que por medio del Espíritu de Dios adoramos, nos enorgullecemos en Cristo Jesús y no ponemos nuestra confianza en esfuerzos humanos".

Pablo era religioso antes de ser salvo, pero su religión no pudo salvarle. Tuvo que perder su religión para hallar la vida eterna. Este capítulo lo inicia Pablo advirtiendo a los creyentes en contra de la religión separada de Cristo. Nos aconseja que tengamos cuidado de los Perros. Los judíos llamaban «perros» a los gentiles, a los paganos porque, según la Ley, eran impuros., pero aquí Pablo usa el término «perros» para describir a los maestros judíos

"RELIGIOSOS" que enfatizaban la circuncisión y guardar la ley como lo más importante.

Hermanos en nuestros días encontramos este tipo de gente religiosa que creen que por no faltar a los servicios, ni a las actividades, por ser los primeros que llegan y los últimos que se van, por diezmar, por cuidar su apariencia EXTERIOR RELIGIOSAMENTE piensan que con esas practicas están cerca de esa meta pero olvidan lo mas importante, la actitud y nuestra relación con nuestro Salvador. No lo hacen por amor sino solo por cumplir con un acto religioso;

La religiosidad no es la meta del cristiano

La verdadera señal de una correcta relación con Dios no era la observancia de una ceremonia o rito formal, sino es buscar al Señor en Espíritu y en verdad. Que nos dice el verso 3 *"Los que en espíritu servimos a Dios"* no sólo se refiere a estar vivos en el espíritu sino calificados para adorarle en todo lugar, en el capítulo 58 de Isaías el Señor nos habla de lo que para Él es realmente lo más importante y nos dice: "de que te sirve practicar todo eso si sigue llevando la misma vida".

En segundo lugar, Pablo nos muestra que:
II. La meta que debemos alcanzar como cristianos; No la alcanzamos por nuestro propio esfuerzo y por último
III. La meta por la cual debemos luchar solo la alcanzáremos puesto los ojos en Jesús

Si tratas de avanzar en tus propias fuerzas no lograrás nada, solo frustración y desánimo y un deseo de rendirte. Pero si te das cuenta de que la vida cristiana se vive en el poder de Dios entenderás que los cambios los produce Dios y tu fe aumentará. ¿Cómo Hacerlo? Deja de vanagloriarte en tus logros, sean pasados o presentes. No permitas que los ritos, ceremonias, tradiciones, culturas adquiridas y MALAS COSTUMBRES RELIGIOSAS sustituyan una relación dinámica y espiritual con Jesús. Enfócate en Cristo y no en tus habilidades, circunstancias o personas. A Él sea toda la Gloria.

Luis Avilés
Pastor CDLF

"RESTAURANDO Y PERFECCIONANDO"

PARA NOSOTROS, SER RESTAURADOS implica que volvemos a ser de utilidad en el cuerpo de Cristo. En ocasiones decimos: "úsame, Señor, úsame para tu Reino, úsame para tu Iglesia." Y el Señor nos dice, "pero así, roto, sin restaurar, no somos útiles, debemos restaurarnos, arreglar nuestro corazón, y después volveremos a ser útiles en el Reino de Dios.

Cuando llegamos al Señor siempre lo hacemos con nuestros vasos rotos para que Dios restaure nuestra vasija, si nos arrepentimos, somos perdonados y comenzamos una vida nueva. Luego viene el perfeccionamiento, que no es hecho por nosotros... ni es a fuerza de obra humana sino por Gracia; la Gracia de Dios.

> **Dice en Filipenses 1:6, que: "El que comenzó en ustedes la buena obra la perfeccionara hasta el día de Jesucristo".**

Jesús va a perfeccionar esto que inició en nosotros el día que lleguemos a Él. La palabra dice que la perfeccionará, o sea que va a llevar un tiempo. No dice inició la buena obra y ya está todo perfecto. No es así; la palabra nos enseña que vamos siendo perfeccionados en un tiempo que, sin duda, es Su tiempo (Kairos). Cuando nos convertimos a Jesucristo, vamos renunciando a ciertas cosas que no sabíamos que al Señor no le agradaban; renunciamos a todas esas cosas que el Señor abomina.

Podemos ver cristianos que son obedientes a Dios y le aman sinceramente, pero se sienten mal. Pasan mucho tiempo en estado de angustia o tienen temores, ansiedad, problemas de relación en su familia: con los hijos o con los esposos; problemas de relación en los trabajos, problemas de relación en la Iglesia y entonces, ¿qué pasa?, ¿son cristianos, son obedientes, pero ¿qué sucede? Sucede que hay sufrimientos y heridas que no los cambia la conversión. Con el primer paso de la conversión no es suficiente; hay heridas profundas, sentimientos que necesitan una curación especial por parte del Espíritu (regeneración diaria).

Estamos en el proceso de ser restaurados día a día, en el proceso hacia la perfección, pero no seremos perfectos hasta que tengamos un cuerpo Glorificado cuando llegue el día tan esperado. Procuremos que el Espíritu Santo siga trabajando y haciendo lo que El comenzó.

"Restaurando y Perfeccionando"

Luis Avilés
Octubre 19, 2015 6:23 am

MANIFESTACIÓN DEL ESPÍRITU SANTO: ¿UNCIÓN, DESORDEN O IGNORANCIA?

NO TENGO NADA EN contra de la forma en que congregaciones actúan bajo una "unción" que viene esporádicamente cuando la adrenalina está por las nubes debido al alto nivel de volumen de los instrumentos y micrófonos en los auditorios y/o iglesias.

Nací en una cuna cristiana evangélica de padres ministros que nos llevaban a la iglesia casi todos los días. Durante el transcurso de los años he podido estudiar y escudriñar la Palabra De Dios y he aprendido la verdad revelada en Su Palabra.

Desde hace muchos años, muchas iglesias y predicadores han causado mucho daño enseñando como la "unción" y manifestación del Espíritu causa desordenes de magnitudes impresionantes. Lo triste es que muchos cristianos creen que esto es "unción". Pero a lo que muchos le llaman unción, es pura efervescencia sin nada de esencia. ¿¿No será emoción??

Pero, esto no es nuevo, realmente Pablo ya le había escrito a los Corintios, debido a que usaban los dones del Espíritu, como una excusa para darle riendas sueltas a sus emociones con el fin de conseguir una experiencia espiritual más profunda. Esto dio lugar a que los cultos en la iglesia de los corintios se convertían en todo un espectáculo de desórdenes.

Por tal razón el apóstol Pablo le dice a los corintios:

> 1 Corintios 14: "pero hágase todo decentemente y con orden".

Ahora bien, le pregunto a ustedes lo siguiente:
¿si la Biblia dice que debemos tener un orden y decencia en los servicios, cómo podemos creer que algo en desorden y gritos, donde vemos hermanos dándose golpes en la cabeza y en todo el cuerpo cuando caen encima de las sillas y sobre otros hermanos, podemos pensar que es "unción" y "poder de Dios"?

Vuelvo y repito, no tengo nada en contra de eso, pero mi Biblia me dice lo contrario.

Manifestación del Espíritu Santo:
¿unción, desorden o ignorancia?

Luis Avilés
Pastor CDLF

FE

Si mantienes tu fe, mantienes tu confianza, mantienes la actitud correcta, si estás agradecido, verás a Dios abriendo nuevas puertas.

JOEL OSTEEN

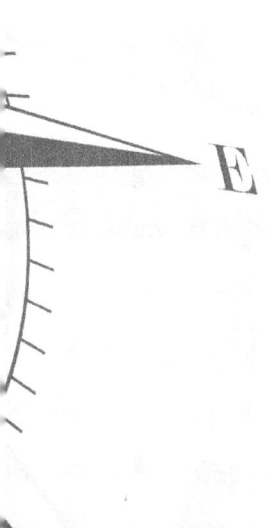

"NO RENUNCIES, DIOS ES TU FUERZA"

NOS DICE LA BIBLIA en Filipenses 3:13-14 *"Hermanos, yo mismo no pretendo haberlo ya alcanzado, pero una cosa hago: olvidando lo que queda atrás, y extendiéndome a lo que está adelante, prosigo a la meta, al premio del supremo llamamiento en Cristo"*.

Las dificultades son parte del camino de la fe. Se necesita entonces una firme decisión de no retroceder si deseamos alcanzar algo importante. Las cosas insignificantes no requieren esfuerzo, ni presentan obstáculos por superar. Por eso vemos personas con grandes talentos que no logran grandes sueños, precisamente porque les falta perseverancia. Y podemos ver el contraste, es decir personas que por su constancia alcanzan metas significativas.

El apóstol escribe esta carta a la iglesia de Filipos desde la cárcel. Vemos que él experimentó naufragios, fue traicionado, apedreado, en peligro muchas veces, rechazado, etc; pero nunca renunció a la fe en Cristo ni a su servicio al Señor. Su decisión de perseverar hasta el fin fue segura y firme, por eso dijo: *"Prosigo a la meta, al premio del supremo llamamiento de Dios en Cristo Jesús"*.

Es muy importante la expresión: "olvidando lo que queda atrás", pues esto es un ejercicio de nuestra mente. A veces se recuerda con mucha frecuencia el pasado y que hoy no es útil, como heridas y ofensas, desordenes de la vida anterior, antiguos novios (as), o anhelos equivocados del corazón, más bien el pasado debe ser un testimonio para ver el contraste con la nueva y maravillosa vida en Cristo.

Los deportistas de profesión invierten muchos años de su vida ejercitándose y capacitándose para alcanzar una medalla o triunfo olímpico, incluso pueden fracasar una y otra vez antes de lograrlo. Pero creen y anhelan en que su perseverancia será premiada un día. El apóstol Pablo nos enseña que en nuestro caso el premio es Jesucristo mismo, por eso con la fuerza de Dios debemos perseverar, ya que no hay más grande tesoro que Cristo mismo.

La Biblia nos enseña que seguir a Cristo implica perseverancia, ya que hay obstáculos en el camino. Pero Dios ha prometido estar con nosotros, él multiplicará nuestras fuerzas, y nuestra fe. Recuerda que las aflicciones del tiempo presente no son comparables con la gloria venidera que Cristo nos ha preparado.

"No renuncies, Dios es tu fuerza"

Luis Avilés
Pastor CDLF

"VENCIENDO LOS GIGANTES"

HAY UNA HISTORIA EN la Biblia que siempre me fascinó desde pequeño, en la Escuela Bíblica de mi iglesia en Puerto Rico había un cuadro de esta escena que me llamaba la atención.

Hay momentos en la vida en las que aparecen gigantes que intentan atemorizarnos. Pueden ser deudas, enfermedades, crisis familiares o relacionales. El temor intenta arroparnos y hacernos retroceder. Todos en la vida tenemos gigantes que tenemos que VENCER, esos obstáculos que no nos dejen crecer espiritualmente, barreras que no permiten que lleguemos a nuestro destino o que obstaculizan que nuestra bendición llegue.

Cuando David se enfrentó al gigante filisteo Goliat él iba con Fe y Certeza que lo derrotaría sabiendo en quien había confiado y quien lo había sostenido durante su vida.

Cuando nosotros entendemos en quien hemos creído entonces veremos caer al gigante, lo veremos derrotado a nuestros pies.

Pero no siempre vencer al gigante significa entrar a tiempo de refrigerio, y aunque sí recibirás la bendicion al haberle vencido y recibirás lo que Dios te prometió, pero entraras en otra dimensión espiritual, el enemigo querrá tu cabeza, pues sabe que eres un guerrero que derriba gigantes y los decapita, en su propia cara.

Cuando David venció al gigante, recibió la recompensa que el rey Saul le había prometido, entrando asi al palacio real como familia del rey, David ahora era parte de la realeza, habiéndose casado con la princesa. Pero cuando Saúl supo que David había sido ungido para ser rey y que el pueblo le amaba, por su valentía y su osadía, este se enfureció tanto que le persiguió para matarlo.

La unica manera que David venció a Saúl fue cuando le demostró que lo tuvo en sus manos y que le perdono la vida. Entonces Saul se arrepintió y no persiguió más a David.

No te dejes intimidar, Jesucristo está contigo como poderoso gigante, en El tenemos la victoria. Pelea destruye fortalezas en el nombre de Jesús.

"Venciendo los Gigantes"

Luis Avilés
Septiembre 24, 2015 6:55 am

"TIENES EL PODER PARA CAMBIAR"
"SI TAN SOLO TOCARE SU MANTO"

EN OCASIONES EL MANTO adquiría carácter simbólico y sagrado; por ejemplo, en las relaciones de Elías y Eliseo:

"Y pasando Elías por delante de Él, echo sobre el su manto"

Pero ¿Qué mujer atrevida? Tocar el manto de Jesús y arriesgar lo que le quedaba de su vida.

Ella No quería publicidad. Ella solo quería tocar el manto de Jesús.

¿Pero entendía esta mujer lo que significaba tocar el manto de Jesús?

A. Tocar a Jesús de esta forma es conmover a Dios y ponerlo a nuestro favor.

B. Tocar el manto de Jesús es símbolo de victoria. Sobrepase todos los obstáculos.

C. Tocar el manto de Jesús es salir del anonimato miserable. Es dejar de ser un intocable.

¿Quién me ha tocado? Dijo el Maestro, Porque virtud salió de mi

A. La palabra virtud denota propiamente todo aquello que procura una estimación preeminente(sublime) para una persona o cosa; de ahí, eminencia intrínseca (exclusiva), bondad moral.

Conclusión: Tú tienes poder para cambiar todo lo que está a tu alrededor. Tus problemas, tus desilusiones y aun tu vida espiritual.

"Tienes el Poder para cambiar"

Luis Avilés
Agosto 27, 2015 7:34 am

"ÉL HA VENCIDO AL MUNDO"

¿EN QUIÉN ESTAS CONFIANDO?, ¿en los amigos? Solo Cristo es el amigo fiel, ¿en tus padres? Solo Dios es nuestro Padre Bueno, ¿en la riqueza? Pues Dios es el dueño del oro y la plata, ¿en las autoridades? Pues estas son Puestas por Dios, sabes a veces para nosotros los seres humanos es tan difícil decir Mi Confianza Esta en El Señor Mi Dios.

> Job 31-35 "Quién me diera quien me oyese! He aquí mi confianza es que el Omnipotente testificará por mí, Aunque mi adversario me forme proceso".

Realmente la confianza de Job en Dios era grande porque El asegura y afirma que Dios testificara por El y sabes en la conversación entre Satanás y Dios allí no estaba Job solo siempre digo que estaban los Ángeles, Arcángeles, Querubines, Serafines para su protección. Pero la confianza de Job en Dios es admirable.

Siempre para poder confiar en Dios tenemos que cerrar nuestros ojos carnales porque cuando tu vez y aprecias las cosas a tu alrededor tienden a distraerte y te alejan de la santidad de Dios, pero cuando tu abres tus ojos espirituales y ejercitas el Don de la Fe podrás ver claramente las cosas que Dios quiere para tu vida, de igual manera debemos de cerrar nuestros oídos carnales y habilitar nuestros oídos espirituales y debemos guardar los dichos de nuestra boca. Para edificar nuestra alma debemos de leer la palabra de Dios para guardarla en nuestro corazón y permanezcan en nuestra mente para cuidar nuestros pensamientos.

Pon tu confianza en Dios cree y el hará, abandónate en sus brazos confía ciegamente en él y el hará porque él te ama y quiere lo mejor para ti, Jehová te bendiga, Jehová te Guarde y Jehová alumbre tu vida siempre.

"Él Ha Vencido al Mundo"

Luis Avilés
Noviembre 21, 2015 7:05 am

AFLICCIÓN + ADVERSIDAD = PRUEBAS

SU FE ES PROBADA en nosotros para producir paciencia. Sin la Palabra no habrá fundamento y el resultado será:

1. Rebeldía,
2. Desobediencia,
3. El enemigo nos pondrá pensamientos de error,
4. Nuestro pensamiento dominará nuestro corazón,
5. Seremos confundidos por vientos contrarios,
6. Falta de integridad y lealtad,
7. Y todas las obras de la carne que Galatas 5 hace mención y dice:

> "Y manifiestas son las obras de la carne, que son: adulterio, fornicación, inmundicia, lascivia, idolatría, hechicerías, enemistades, pleitos, celos, iras, contiendas, disensiones, herejías, envidias, homicidios, borracheras, orgías, Y COSAS SEMEJANTES A ESTAS; acerca de las cuales os amonesto, como ya os lo he dicho antes, que los que practican tales cosas NO HEREDERÁN EL Reino de Dios."

> Santiago 1:3-5
> 3 sabiendo que la prueba de vuestra fe produce paciencia.

4 Mas tenga la paciencia su obra completa, para que seáis perfectos y cabales, sin que os falte cosa alguna.

5 Y si alguno de vosotros tiene falta de sabiduría, pídala a Dios, el cual da a todos abundantemente y sin reproche, y le será dada.

Romanos 5:4

4 y la paciencia, prueba; y la prueba, esperanza;

5 y la esperanza no avergüenza; porque el amor de Dios ha sido derramado en nuestros corazones por el Espíritu Santo que nos fue dado.

6 Porque Cristo, cuando aún éramos débiles, a su tiempo murió por los impíos.

Galatas 5

"FE Y OBEDIENCIA"

"Por la fe, Abraham, siendo llamado, obedeció para salir al lugar que había de recibir como herencia; y salió sin saber a dónde iba".
Hebreos 11:8

La actitud de obediencia es indispensable en la vida espiritual de cualquier creyente, más si éste está en posiciones de liderazgo. Si no hay obediencia, Dios no respalda el asunto. La obediencia se concreta en un acto de fe como en el caso de Abraham. La fe obra (se demuestra) por la obediencia, por lo que Dios va a probar nuestra obediencia como un medio de reafirmar nuestra fe.

Ahora, obedecer implica pagar un precio. Jesús pagó un precio muy alto por obedecer (muerte de cruz). Abraham también pago el precio. Como puede observar en la vida de Abraham, ejercer fe supone correr algunos riesgos, tomar algunas decisiones difíciles. Obedecer en fe puede conllevar algunas incomodidades, incluso peligros, y aún acarrearnos la muerte. ¿Qué tan difícil fue para Abraham obedecer a Dios? Dios llamó a Abraham a dejar la seguridad de su casa paterna, sus costumbres, su familia, su trabajo, su nacionalidad, etc. Todo lo que era la base de su confianza y seguridad, para ir un lugar incierto (hacia lo desconocido). Dios no le dio detalles, ni explicaciones (no le dio un mapa). Abraham, para seguir a Dios, necesitaba obedecer mientras confiaba día a día en fe. Así mientras mayor es el llamado mayor es la demanda de fe y de obediencia. Los líderes nunca deben olvidar esa premisa.

La obediencia es un aspecto vital de la vida de fe. La obediencia le da a la fe un sentido práctico, experiencial y dinámico. La fe sin obediencia a la voluntad revelada de Dios es solo palabras.

Por otra parte, la obediencia es un acto de entrega de nuestra voluntad a Dios. La obediencia es un acto de reconocimiento de la autoridad de Dios sobre nuestras vidas; y sin reconocimiento de la autoridad no hay crecimiento en la fe. Sin reconocimiento de la autoridad de Dios no hay obediencia, y sin obediencia, la fe no obra.

La obediencia bíblica va más allá del simple recibir y cumplir órdenes. Se trata más bien de una aceptación voluntaria, gozosa y responsable de la voluntad de Dios y de la autoridad que por derecho legítimo él tiene sobre nosotros.

A lo largo de nuestra vida Dios nos va a probar en nuestra disposición de obedecer, así como lo hizo con Abraham. Dios llama a estos momentos en que Dios prueba, momentos de decisión. Son momentos en los que intencionalmente renunciamos a privilegios, derechos, reconocimientos, honores y posiciones a favor y en obediencia a Dios. Esos momentos nos llegan para tratar con áreas de nuestras vidas que no hemos entregado a Dios; áreas de nuestra vida en las que no estamos en obediencia. Si en esos momentos actuamos en obediencia, entonces, crecemos en fe.

"Fe y Obediencia'

Luis Avilés
Septiembre 21, 2015 6:15 am

"FE"

Es fácil creer que existe Dios, que no somos producto de las casualidades, ni mucho menos de la evolución donde al parecer tenemos parientes que les gusta colgarse en los árboles. La misma escritura nos enseña que los demonios saben que Dios existe y tiemblan y nosotros también hacemos bien en creer en Dios, pero nuestro Señor no quiere que meramente sepamos que existe, sino que lleguemos a una relación personal con Él. Creo que estamos en ese proceso día con día, lo que nos lleva a actuar y acercarnos a Él.

> Heb. 11:6 "Sin fe es imposible agradar a Dios".

No hay manera de entablar una relación con Dios si NO tenemos FE de que Él es y Él hará.

> Heb. 11:1 "Es, pues, la fe la certeza de lo que se espera, la convicción de lo que no se ve".

En lo personal hace muchos años, esta parte me tomo un poco de tiempo entenderlo, relacionar las dos partes. ¿Certeza de lo que se espera? como que no me daban sentido las dos cosas. ¿Convicción de lo que no se ve? juntas. Sin embargo, una vez que pude conectarlas me cambio por completo el panorama.

Lo básico es que para aquellos que dicen entender realmente

lo que es la FE, y relacionar estas dos partes del texto ponerlo en práctica es difícil. Certeza y convicción necesitan punto de inicio y por supuesto un punto final por demás satisfactorio.

Un buen comienzo es la seguridad de que tenemos un Dios maravilloso que inclina su oído a nuestras oraciones; y un punto final, la certeza de que Dios hará y que será conforme a SU perfecta voluntad y no a MI imperfecta y EGOISTA voluntad (sin embargo, a veces parecemos niños inmaduros, volubles y para todo queremos poner condiciones).

Simplemente es poner a trabajar nuestra fe y ponernos en acción de igual manera. No se quite la oportunidad de ser galardonado por el único que da los galardones, Dios nuestro Señor y Salvador. Que nuestro mayor galardón es sentarnos a la diestra juntamente con Cristo teniendo la Certeza y la Convicción que pronto sucederá.

"Fe"

Luis Avilés

"PIDE, CREE Y RECIBIRÁS"

NO ES CREER QUE lo recibiremos en el futuro. Eso sería negar que ya Dios ha contestado la oración y que Él ha cumplido Su Palabra. Tenemos que creer que ya lo tenemos, aunque en ese momento no haya ni la más mínima evidencia de un cambio. Hay que CREER que la contestación viene en el momento en que hacemos la oración de Fe, aunque aún sea invisible al ojo natural.

Debemos alabar a Dios y darle gracias porque lo tenemos ya aunque aún no lo veamos. Jesús alabó a Dios frente a la tumba de Lázaro, creyendo en su resurrección, cuando aún éste estaba en la tumba. Tenemos que creer que tenemos la contestación sencillamente porque la PALABRA DE DIOS dice que tenemos la contestación.

La PALABRA DE DIOS es la Suprema Revelación que Jesús nos dejó concerniente a la fe. Lo que vemos o sentimos con nuestros sentidos naturales no tiene que ver nada con el asunto. Si creemos, lo invisible se volverá visible, y lo visible se volverá invisible. Los síntomas tienen que desaparecer, así como las hojas verdes de la higuera se secaron. Este es el secreto de obtener lo que necesitamos de Dios. Lo recibimos, no porque lo merezcamos, sino por la fe.

La Fe nunca mira a las condiciones. La fe nunca mira los síntomas, sino que está indiferente a ellos, los rechaza, no los considera. La Fe no depende de nada que los sentidos naturales puedan discernir. La FE fue la que creó al mundo de la nada (El

Verbo). La FE es verdaderamente Fe cuando no ve nada. Cuando la contestación viene, ya no es Fe, sino vista. (El resultado de la Fe.) LA FE sólo demanda una cosa, que descanse en la PALABRA DE DIOS.

"Todo lo que pidiereis orando, creed que lo recibiréis y os vendrá."

Sin Fe es imposible agradar a Dios. La Oración sin Fe se vuelve vana palabrería. La Oración de Fe Mueve las Montañas.

"Pide, Cree y Recibirás"

Luis Avilés
Octubre 26, 2015 6:24 am

"CÓMO DERRIBAR LOS OBSTÁCULOS A LA FE"

UN OBSTÁCULO A LA fe es la actitud que pone trabas a nuestra confianza en Dios e impide que obedezcamos su voluntad. El vernos de manera negativa puede causarnos problemas, al igual que la ignorancia en cuanto a la naturaleza y las promesas de Dios. Hay otras tres actitudes que pueden hacernos tropezar: la duda, los sentimientos de incompetencia y el temor al fracaso.

Moisés dudó de que los israelitas creyeran que había sido escogido por el Señor para liderarlos. Pero Dios le había dado esa seguridad dándole demostraciones por medio de su poder (Ex 4.1-5). Cuando la duda invada nuestra mente, derrotémosla por medio del estudio de la Biblia y la oración, que echarán fuera el temor y lo sustituirán con la verdad.

Moisés no era elocuente; su evidente falta de esta capacidad lo hacía sentirse incompetente para la misión; temía que al hablar cometiera desaciertos. Pero Dios pacientemente le aseguró que le ayudaría a lograr su misión. El Señor escoge con frecuencia a las personas menos capacitadas para realizar sus planes, porque Él mira el corazón, no las aptitudes humanas (1 S 16.7). Dios puede vencer todas nuestras deficiencias. Con todo, Moisés no aceptó lo que Dios le prometió inicialmente, sino que pidió ser eximido de la tarea (Ex 4.13). Aunque, luego sí la realizó. El temor al fracaso puede impedir que le digamos "sí" al Señor.

Para hacer la voluntad de Dios es necesario tener un corazón que confíe en Él, un alma que responda con obediencia y una mente que deje al Señor el éxito o el fracaso. Si derribamos los obstáculos a la fe, seremos capaces de ver la presencia y el poder de Dios, y experimentar el gozo de la obediencia.

Luis Avilés
Pastor CDLF

"¿ESTAMOS AGRADANDO A DIOS?"

TODO DON QUE TENEMOS nos los ha dado Dios y Él quiere darnos "delicias para siempre". En gratitud por todo lo que Él hace por nosotros, ¿qué podemos hacer para agradarle?

Encontrar un regalo que le agrade a Dios puede parecernos todo un desafío. Pero afortunadamente, la Biblia nos dice no sólo lo que Dios ABORRECE (tal como en Proverbios 6:16-19 *"Seis cosas aborrece Jehová, Y aun siete abomina su alma: Los ojos altivos, la lengua mentirosa, Las manos derramadoras de sangre inocente, El corazón que maquina pensamientos inicuos, Los pies presurosos para correr al mal, El testigo falso que habla mentiras, Y el que siembra discordia entre hermanos.), sino también nos dice lo que le complace.*

Y lo mejor de todo es que lo que complace a Dios también nos hará los más felices y satisfechos hijos de Él. Finalmente, estaremos realizados cuando cumplamos el propósito que Dios tiene para nuestra vida, porque Él nos ama y quiere lo mejor para nosotros siempre. Ahora hay siete formas en que podemos agradar a Dios según dice la Palabra de Dios:

"Tener fe en Dios."

> Pero sin fe es imposible agradar a Dios; porque es necesario que el que se acerca a Dios crea que le hay, y que es galardonador de los que le buscan. (Hebreos 11:6)

- "Ocuparse del Espíritu."

    Porque el ocuparse de la carne es muerte, pero el ocuparse del Espíritu es vida y paz. Por cuanto los designios de la carne son enemistad contra Dios; porque no se sujetan a la ley de Dios, ni tampoco pueden; y los que viven según la carne no pueden agradar a Dios. (Romanos 8:6-8).

- "Temor a Dios."

    Se complace el Eterno en los que le temen, Y en los que esperan en su misericordia. (Salmo 147:11).

- "Seguir el ejemplo de Cristo."

    Este es mi Hijo amado, en quien tengo complacencia; a él oíd" (Mateo 17:5).

    Jesús dijo: "yo hago siempre lo que le agrada. (Juan 8:29)

- "Obedecer a Dios."

    ¿Se complace el Eterno tanto en los holocaustos y víctimas, como en que se obedezca a las palabras del Eterno? Ciertamente el obedecer es mejor que los sacrificios, y el prestar atención que la grosura de los carneros. (1 Samuel 15:22).

- "Hacer la voluntad de Dios."

    Os haga aptos en toda obra buena para que hagáis su voluntad, haciendo él en vosotros lo que es agradable delante de él por Jesucristo; al cual sea la gloria por los siglos de los siglos. (Hebreos 13:21).

- "Hacer los sacrificios que Dios quiere."

    Así que, ofrezcamos siempre a Dios, por medio de él, sacrificio de alabanza, es decir, fruto de labios que confiesan su nombre. Y de hacer bien y de la ayuda mutua no os olvidéis; porque de tales sacrificios se agrada Dios. (Hebreos 13:15-16).

    Hay sacrificios que a Él le "complacen", cuando incluyen el dar alabanza y gracias a Él y al compartir con otros. Esto refleja su enseñanza del amor expresado en dos grandes mandamientos que resumen el resto de su ley:

    "Amarás al Señor tu Dios con todo tu corazón, y con toda tu alma, y con toda tu mente. Éste es el primero y grande mandamiento. Y el segundo es semejante: Amarás a tu prójimo como a ti mismo. De estos dos mandamientos depende toda la ley y los profetas" (Mateo 22:37-40).

Una de las más vibrantes descripciones de la utopía del Reino de Dios, fue escrita por el rey David, un hombre según el corazón de Dios: "Me mostrarás la senda de la vida; en tu presencia hay plenitud de gozo; delicias a tu diestra para siempre" (Salmo 16:11).

"Estamos agradando a Dios?"

Luis Avilés
Pastor CDLF

"MI FE ESTÁ PUESTA EN DIOS"

EN QUIEN ESTAS CONFIANDO, ¿en aquel que dice te amo? Solo Cristo es el amigo fiel, ¿en tus padres? Solo Dios es nuestro Padre Bueno, ¿en la riqueza? Pues Dios es el dueño del oro y la plata, ¿en las autoridades? Pues estas son Puestas por Dios, sabes a veces para nosotros los seres humanos es tan difícil decir Mi Confianza Esta en El Señor Mi Dios.

> Job 31-35 Quién me diera quien me oyese! He aquí mi confianza es que el Omnipotente testificará por mí, Aunque mi adversario me forme proceso".

Mira mi hermano que convicción, que confianza la de Job al decir que Jehová el omnipotente Dios testificaría por el y realmente podríamos decir nosotros que Dios es el que testifica por nosotros, que realmente confiamos en él, porque si tu lees el versículo 8 del capítulo uno de Job en efecto Dios testifica de este varón:

Realmente la confianza de Job en Dios era grande porque el asegura, afirma que Dios testificara por él y sabes en la conversación entre Satanás y Dios allí no estaba Job solo estaban los Ángeles, arcángeles, querubines y todos aquellos a quien Dios ya ha llevado a su gloria. Pero la confianza de Job en Dios es admirable.

Siempre para poder confiar en Dios tenemos que cerrar

nuestros ojos carnales porque cuando tu vez y aprecias las cosas a tu alrededor tienden a distraerte y te alejan de la santidad de Dios, pero cuando tu abres tus ojos espirituales podrás ver claramente las cosas que Dios quiere para tu vida, de igual manera debemos de cerrar nuestros oídos carnales y habilitar nuestros oídos espirituales y debemos guardar los dichos de nuestra boca, para edificar nuestra alma debemos de leer la palabra de Dios para guardarla en nuestro corazón y permanezcan en nuestra mente para cuidar nuestros pensamientos.

Pon tu confianza en Dios cree y el hará, abandónate en sus brazos confía ciegamente en el y el hará porque el te ama y quiere lo mejor para ti,

Jehová te bendiga, Jehová te Guarde y
Jehová alumbre tu vida siempre.

Luis Avilés
Pastor #CDLF
Julio 10, 2017

"NO TE DEJES VENCER"

ESTA SEMANA HE VENIDO escribiendo sobre lo que produce la prueba en nuestras vidas y como salir victorioso de ella. Recuerde que es contraproducente pero las pruebas son necesarias para nuestro crecimiento. Pero si nos dejamos vencer por los embates negativos de la prueba produce un elemento a favor del enemigo llamado "desanimo".

El desánimo es un problema frecuente. Comenzará con una mente desenfocada, pero puede convertirse fácilmente en acusación a los demás y llevar a la persona a regodearse en su ira. Por desgracia, sus efectos no terminan aquí.

Para empezar, si usted considera que la persona que le falló o la situación que provocó es la causa de todos sus problemas, eso podría distanciarla de ella, o incluso ponerle fin a la relación. Además, cuando alguien deja que la frustración crezca sin ser resuelta, el resultado es una gran pérdida de la autoestima. Esto, obviamente, puede ser un serio golpe para su servicio al Señor y para sus relaciones con los demás, ya que a nadie le gusta estar cerca de personas que solo critican y viven amargadas. A medida que crecen estas presiones, habrá efectos visibles en su vida personal. Si usted deja que su mente piense de acuerdo con el desánimo, sus palabras y sus acciones lo revelarán. Lea 2 Corintios 10:5.

Pero la consecuencia más importante del desánimo será un peligroso extravío en su vida espiritual. Dios le parecerá distante, insensible o incluso hasta ausente, porque usted ha levantado unas murallas muy altas a su alrededor, FORTALEZAS QUE SOLO PROTEGEN LA MAL OPINION DE SU PENSAMIENTO EN ERROR. Las cosas que antes eran los pilares de su vida, como la adoración, el estudio de la Biblia y la oración, se quedarán fácilmente a mitad de camino. Muy pronto, a usted le rodearán solo sus frustraciones y su negatividad.

El desánimo puede destruir las relaciones y la productividad de un creyente. No permita que las frustraciones se intensifiquen y afecten su vida. El Salmo 40.2 es un recordatorio excelente de que el Señor puede sacarle del lodo cenagoso, poner sus pies sobre peña y enderezar sus pasos.

> Salmos 40:2
> 2 Y me hizo sacar del pozo de la desesperación, del lodo cenagoso; Puso mis pies sobre peña, y enderezó mis pasos.

Luis Avilés
Pastor CDLF
Julio 14, 2017

"FE DE RESISTENCIA"

TU MODELO TIENE QUE ser el de hijo de Dios, nueva criatura ¿Cómo puedo levantar mi autoestima, ¿cómo puedo sentirme bien conmigo mismo? De acuerdo con mi nivel de Fe será mi nivel de autoestima (Romanos 12:3) *"Piense de sí con cordura, conforme a la medida de Fe"*. Dice el Espíritu Santo a través de Pablo, si tu Fe crece, tu autoestima crece, hay medidas de Fe, y tú tienes que alcanzar el máximo en Dios.

¿Qué es Fe?

Fe es una manera de pensar, Pablo dice: *"La Fe es por el oír y el oír la Palabra de Dios"*. O sea, oigo la Palabra y tengo Fe; Fe no es una fuerza, no es una energía, aunque se puede manifestar así, Fe es una manera de pensar, cuando piensas como Dios, tu Fe crece, porque Dios dice: Todo lo puedes en El; Yo te voy a fortalecer; la Biblia dice: "Caerán miles y diez miles, pero a ti no te tocarán", todo lo que pises te lo daré. Esfuérzate y sé valiente, yo estaré contigo todos los días de tu vida.

Entonces cuando crece en nosotros la mentalidad divina, crecemos en Fe y cuando la Fe crece, todo lo podemos lograr, si sufrimos adversidades tenemos la habilidad de comunicarnos con los demás de manera empática, nos hacemos poderosos en la Fe y resistimos en nuestra carrera y aprenderemos a resistir los ataques del enemigo.

"Fe de Resistencia"

Luis Avilés
Pastor CDLF

"TRANSMITIENDO NUESTRO LEGADO A NUESTRAS PRÓXIMAS GENERACIONES"

EL APÓSTOL PABLO ADMIRABA el legado de fe que fue transmitido a Timoteo por su madre y abuela. Aunque Eunice y Loida no podían conferirle la salvación, fueron un ejemplo de fe en Dios. La herencia más grande que recibió Timoteo fue la instrucción espiritual y el ejemplo de estas mujeres. Para los padres que deseen transmitir un legado de fe, los siguientes valores deben ser parte de sus vidas:

- Principios:
  <u>Conocer y practicar</u> los principios bíblicos. Los padres no pueden transmitir lo que no poseen, pero los que aman y obedecen la Palabra de Dios, compartirán con entusiasmo lo que han aprendido.

Ejemplo:
<u>Aplicar</u> los principios bíblicos a su vida y ejercitarlos en presencia de los hijos. Un modelo permanente de obediencia a Dios inspirará a los hijos a buscar al Señor; decir una cosa y hacer otra es un mal ejemplo.

- Persistencia:
  <u>No darse por vencidos</u> a la hora de impartir conocimiento

espiritual. Aprendí este sabio hábito de mis padres, quienes se propusieron a sembrar en mí los valores que necesitaría para convertirme en un adulto consagrado. Para enseñarme una lección, me la repetían y me mostraban lo que debía hacer, hasta que se aseguraban de que la hubiera aprendido.

Nunca es demasiado tarde para trabajar en pro de un legado espiritual. Al igual que la madre y la abuela de Timoteo, no nos conformemos solo con criar a nuestros hijos. Nuestra meta debe ser mostrarnos como ejemplos de una vida de santidad que les inspire a amar y seguir a Cristo.

"Transmitiendo nuestro Legado"

Luis Avilés
Pastor CDLF

"FE QUE MUEVE MONTAÑAS"

TAL VEZ LA MONTAÑA que estás experimentando es una situación financiera adversa y negativa, o tal vez es una de violencia doméstica, de abuso, o tal vez es un problema de salud, el médico no te dio una buena noticia. Pero cualquiera que sea tu montaña esa montaña se tiene que mover si tienes fe.

Jesús dijo en Marcos 11:23 *"Porque de cierto os digo que cualquiera que dijere a este monte: Quítate y échate en el mar, y no dudare en su corazón, sino creyere que será hecho lo que dice, lo que diga le será hecho"*, en este versículo está tres veces el verbo "decir" cuando hay una misma frase en una porción corta de las escrituras es porque Dios quería hacer un énfasis especial, en un solo versículo Jesús nos dio la llave la clave para que se mueva la montaña: "hablarle", lo que tienes que estar haciendo con la montaña es ordenándole. El poder lo tenemos en la PALABRA.

Deberías estar diciendo "te vas temor, no tienes autoridad para estar aquí", a la enfermedad "te vas de mi cuerpo en el nombre de Jesús", deberíamos estar ejerciendo autoridad sobre las cosas que Jesús nos dijo que le ejerciéramos. No me puedes decir que eres una persona con fe para mover montañas, pero mantienes tu boca cerrada.

La característica número uno de la persona de fe, es que le habla a la montaña. No te quedes sentado esperando que la montaña te hable, háblale de regreso. No es una coincidencia que Dios escogió una montaña para representar nuestros problemas, porque ellas son grandes y parecen permanentes. Han sido tanto los años de padecer con lo mismo que parece una montaña. Pero cuando le hablas empieza a retroceder y a desintegrarse por dentro.

Cuando hablas palabra de fe, sobre tu situación o problema, entonces tú aparentemente no ves nada, pero hay un reino invisible, lo hecho fue hecho de lo que no vemos, creemos que no existe un reino invisible, pero este reino es muy movido, cuando hablas la palabra de Dios, dando órdenes a esa montaña, todo el reino de Dios comienza a ponerse a tu favor, comienzan a ordenarse para que tu cumplas tu propósito divino.

El reino de Dios se mueve a favor de aquellos que hablan como Él. Dios se mueve cuando te ve en posición de fe. Tú no vas solo, vas en la autoridad del hijo de Dios, el poder de Jesús te respalda, Su sangre, todo el reino de Dios se pone a tu favor para respaldarte, el diablo comienza a temblar.

¿Cuánto tiempo pasara? No sé, pero si te puedo decir que se moverá y se echara al fondo del mar.

"Fe que mueve montañas"

Luis Avilés
Pastor CDLF

FE PARA CONQUISTAR LA TIERRA PROMETIDA

LO PRIMERO QUE TENEMOS que hacer para poner nuestra fe en acción es CREER que Dios estará con nosotros en todo tiempo.

El propósito más visible que Dios le dio a su pueblo fue que les daría la tierra de Canaán, la tierra prometida, y ejemplifica muy bien lo que es poner la fe en acción, 10 espías no tuvieron fe y Josué y Caleb si la tuvieron y Dios le dijo a Josué.

> Josué 1:5 "5:Nadie te podrá hacer frente en todos los días de tu vida; como estuve con Moisés, estaré contigo; no te dejaré, ni te desampararé."

Dios le había dicho a Moisés:
> Éxodo 33:14 " 14Y él dijo: Mi presencia irá contigo, y te daré descanso."

Debes usar tu fe y creer que Dios está contigo como lo estuvo con Moisés, Josué, Abraham y todos los héroes de la fe.

Debes creer que Dios está tan cerca de ti como lo estuvo de ellos, que Dios dirige tus pasos, que aun en tus errores Él está ahí contigo, que te puedes levantar mejor si crees que él está cerca de ti, que está guiando tu caminar hacia la Tierra que el te prometió.

"Fe para Conquistar la tierra prometida"

"HAGAMOS UNA PRUEBA DE NUESTRA VIDA"

A muchas personas nos encanta la Biblia porque está llena de palabras de seguridad, promesas y aliento. Pero también contiene advertencias a las que hay que prestarles atención. Al igual que la nación de Israel en el desierto, la iglesia a lo largo de la historia ha tenido a personas que se caracterizaron por la incredulidad.

Jesús dijo que, aunque muchos le llaman Señor, la prueba de la salvación se demuestra por una vida de obediencia (Mt 7.13-23). Nosotros podemos haber notado el fruto de la salvación —o la falta de este— en nuestra iglesia. Consideremos las siguientes señales que pueden indicar que alguien necesita ser salvo:

1. A menudo se involucra en conflictos y disensiones en la iglesia porque no tiene el fruto del Espíritu.
2. Por resistir la convicción del Espíritu, se siente incómodo cuando el pastor hace la invitación de arrepentimiento para salvación.
3. A veces, prefiere el papel de espectador, y es reacio a involucrarse o a asumir un compromiso con alguna congregación.
4. Si está sirviendo en la iglesia, puede sentirse frustrado porque trata de hacer la obra sobrenatural de Dios sin el poder del Espíritu Santo.
5. Le cuesta entender la Biblia, pero tampoco tiene muchos deseos de leerla.

El propósito de la advertencia de Dios no es para que juzguemos la salvación de los demás; más bien, Él quiere que nos hagamos un análisis y guiemos a otros a la verdad.

Las consecuencias son eternas, por lo que es importante hacer lo que dice la Biblia: *"Examínense para ver si están en la fe"* (2 Co 13.5 NVI). Pida a Dios que le permita dirigir a otros a Jesús, y que le ayude a parecerse cada vez más a Cristo.

"Hagamos una prueba de nuestra vida"

Luis Avilés
Pastor CDLF

"LOS DOS LADOS DE LA MONEDA"

HABITUALMENTE, CUANDO ESTAMOS EN sociedad, la mayoría de las personas tratamos de mostrar la mejor cara. Es algo humano, queremos causar buena impresión para ser apreciados y aceptados, pero la parte menos buena raramente la mostramos, salvo a personas de confianza que nos comprenden. Son las dos caras de la moneda.

Nadie tiene una vida perfecta, pero es normal querer mostrar lo bueno y dejar de lado los problemas y carencias que hay detrás de cada historia de vida. Lo que vemos en los demás es casi siempre algo superficial, es lo que nos quieren mostrar, es solo UNA cara de la moneda.

La Palabra de Dios es clara, nos dice que el necio busca siempre hacer división y traer maldad para afectar relaciones. Tenemos siempre que ver los dos lados de la moneda, siempre hay dos caras para cada situación. Si estamos arraigados de la Palabra de Dios y la mantenemos viva en nuestro corazón nada nos desviará de el Ancla de nuestra Fe que es Cristo y su fundamento que es la Palabra.

> "A los justos los guía su integridad; a los falsos los destruye su hipocresía." Proverbios 11:3

> "Practicar la justicia y el derecho lo prefiere el Señor a los sacrificios." Proverbios 21:3

"Si afirmamos que tenemos comunión con él, pero vivimos en la oscuridad, mentimos y no ponemos en práctica la verdad." 1 Juan 1:6

"Los dos lados de la moneda"

Luis Avilés
Pastor CDLF

"MI CONFIANZA ESTA PUESTA EN TI SEÑOR"

La confianza en Dios es lo que nos mantiene firmes en la fe, creemos en que es nuestra Roca, Fortaleza y refugio.

Resulta un poco difícil, el no hacer algunas interrogantes cuando empezamos a leer algunos de los sucesos extraordinarios por los cuales pasaron los personajes que componen los relatos bíblicos.

Personas como Job, siendo este un hombre económicamente enriquecido y de un momento a otro perdió toda su fortuna, incluyendo su familia.

Vemos la vida de José, quien paso por todo tipo de situación adversa, como, por ejemplo: rechazo familiar, injurias, injusticias, pobreza extrema, entre otros.

De igual manera encontramos al Apóstol Pablo, El Rey David y otros más. Que tuvieron que vivir experiencias intensas un tanto traumáticas.

La pregunta que golpea en nuestros pensamientos es la siguiente: ¿Cómo pudieron estas personas mantenerse de pie y superar todo esto con éxito?

Sencilla Respuesta: Todos pusieron su confianza y gozo en Dios.

"Mi confianza esta puesta en Ti Señor"

Luis Aviles
Octubre 9, 2015 7:50am

"LAS DOS CARAS DE LA MONEDA"

HABITUALMENTE LA MAYORÍA DE las personas cuando estamos en sociedad, en grupos, en los trabajos, entre personas tratamos de mostrar la mejor cara. Es algo humano, queremos causar buena impresión para ser apreciados y aceptados, pero la parte menos buena, la REALIDAD, NUESTRA VERDADERA PERSONALIDAD raramente la mostramos, salvo a personas de confianza que nos comprenden.

Nadie tiene una vida perfecta, pero es normal querer mostrar lo bueno y dejar de lado los problemas y carencias que hay detrás de cada historia de vida. Lo que vemos en los demás es algo superficial, es lo que nos quieren mostrar, es sólo una cara de la moneda.

No hay nada mejor que ser Transparentes y Realistas con los que nos rodean, dejar que Dios sea el Alfarero que trabaje nuestras vidas para poder ser una VERDADERA LUZ EN MEDIO DE LAS TINIEBLAS.

Líder, Ministro, Motivador, Maestro, Amigo, no te dejes llevar por ese lado de la historia, Recuerden que la Moneda tiene DOS CARAS, ¿Cuál lado quieres ver?

FIDELIDAD

Mantengamos firme la profesión de
nuestra esperanza sin vacilar, porque
fiel es el que prometió;

HEBREOS 10:23

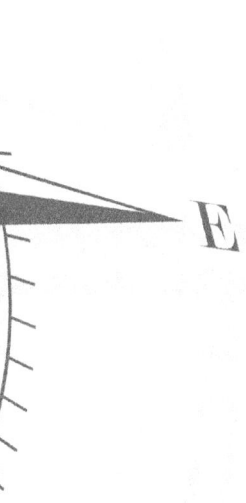

"FIDELIDAD"

CUANDO HABLAMOS DE FIDELIDAD nos vienen a la memoria términos como lealtad, nobleza, honradez. Y es que la Fidelidad algo tiene de cada uno de ellos. Siempre que se trata de fidelidad, entendemos la existencia de un pacto, una alianza, de un compromiso contraído por dos partes. Este puede ser explícito, como es el caso de un contrato legal, o implícito, como el compromiso que supone toda amistad verdadera.

Dios nos ha llamado a todos a comunicarnos con Él, a la amistad con Él, a entrar en comunión con Él, a participar de la plenitud de Vida y Amor que constituye su misma esencia. Tal es el Plan de Dios. Tal es el hermoso designio divino para cada uno de nosotros. Sin embargo, luego del pecado original, el hombre se aleja de su Creador, les fuimos infieles a nuestro Creador.

En dicho proceso el Señor nos muestra cómo Él es siempre fiel a ese amoroso compromiso de los orígenes. Eso le fue enseñado ya en el Antiguo Testamento al pueblo escogido, a Israel. Esa fidelidad de Dios ha sido presentada en la Encarnación del Hijo y en su entrega por nosotros en su obra de Reconciliación. Esa fidelidad de Dios nos ha sido presentada a la luz de la plena revelación del Señor Jesús en el Nuevo Testamento.

> **Pablo nos dice: "El mismo Dios de paz os consagre totalmente, y que todo vuestro ser, espíritu, alma y cuerpo, sea custodiado sin**

reproche hasta la Venida de nuestro Señor Jesucristo. Fiel es el que os llama y es Él quien lo hará" (1Tes 5, 23-24).

Pero mientras que Dios es siempre fiel a su amor en favor del hombre, por nuestra parte debemos corresponderle con nuestra fidelidad a Él, la misma que se expresa en nuestra fidelidad en el cumplimiento de su Plan de Amor para con nosotros. Acordémonos de que "no todo el que diga Señor, Señor entrará en el Reino de los cielos, sino el que cumpla la voluntad del Padre celestial".

La Fidelidad a nuestro Dios paga muy bien. La seguridad de que algun día moraremos con Él es nuestra meta. Nuestro más alto llamado es estar Juntos con nuestro Dios en la Nueva Jerusalén. Si Dios no hubiese sabido que somos débiles no nos hubiese puesto a un Jesús como nuestro abogado. Pero tampoco podemos abusar de esa oficina legal. Procuremos ser Fiel a nuestro Dios que es el autor y consumador de la Fe para poder llegar a estar juntos en las moradas celestiales. El camino de la fidelidad al Señor es el camino de fidelidad a nosotros mismos.

"Fidelidad"

Luis Avilés
Octubre 8, 2015 6:25 am

"FIDELIDAD"
2 PARTE

HAY UNA PALABRA ANTIGUA que casi no es usada en el lenguaje moderno, porque aun cuando sigue existiendo, pocos conocen su verdadero significado y su semántica. Es más, si esta palabra pudiera ser erradicada de los diccionarios, muchos se alegrarían. Esa palabra es Fidelidad.

Fidelidad significa ser recto, de una sola línea, vertical, sin doblez, leal. Lo mínimo que Dios espera de nosotros, es que seamos fieles en todo lo que nos concierne, tanto en lo secular como en lo espiritual. La más alta exigencia a la que se ve sometido un cristiano es que sea fiel a Dios, a los suyos y lo suyo. Recuerda que Dios nunca dejará de ser Fiel a sus hijos.

Dios y las personas en general esperan que nosotros seamos consecuentes entre lo que decimos creer y lo que hacemos. El mundo no tolera a uno que diga creer ciertas cosas y que viva de otra manera. Cuando no hay coherencia entre lo que decimos y lo que hacemos, somos tildados de hipócritas. La hipocresía consiste en querer mostrar lo que ni somos ni hacemos con respecto a lo que creemos. El Señor Jesús afirmó que cada árbol se reproduce conforme a su propia naturaleza, que por eso el árbol malo daba fruto malo, y el árbol bueno daba fruto bueno.

Note cuanto nos cuesta dar un testimonio creíble debido a la falta de fidelidad. Lo triste es que muchos que se llaman cristianos se portan igual o peor que los no cristianos. Mienten, fomentan el chisme, las críticas acerbas, se malgenian con facilidad, son envidiosos, son irascibles, no guardan las proporciones en su comportamiento, son tercos, son murmuradores y cuando están bajo presión, reaccionan como si nunca hubieran conocido la gracia, el poder y la misericordia del Señor. Otros aún tienen cosas evidentes de su antigua vida cuando le servían al ENEMIGO y a sus intereses egoístas y carnales, y les cuesta dar ejemplo por su conducta intolerante. Del joven Daniel dice:

> **"ningún vicio ni falta fue hallado en él, porque había en él un espíritu superior" (Daniel 6:3-4).**

Es inconcebible un cristiano cuya conducta esté distante de lo que la Palabra de Dios señala. Fiel a Dios, Nuestras Esposas, Nuestros Trabajos, Nuestra Familia a Nuestros "Amigos". Nuestras acciones deben ser el reflejo de lo que Dios nos dice en su Palabra. Alguien afirmó con acertada precisión que "la Biblia de los mundanos, era la vida de los cristianos". El mundo está leyendo en nuestro comportamiento lo que supuestamente usted y yo leemos de las Escrituras. ¿Qué estará leyendo el mundo de nosotros? La biblia que el mundo lee es la clase de vida que viven los cristianos.

> *"Se Fiel hasta la muerte que Él nos dará la Corona de la Vida Eterna"*
>
> *"Fidelidad"*

Luis Avilés
Diciembre 11, 2015 6:14 am

"JESÚS MI FIEL AMIGO"

JESÚS ES EL MEJOR amigo que podemos tener, Él tiene todas las cualidades que lo caracterizan como el mejor compañero. Jesús nunca nos rechazará, Él nos acepta, nos oye, nos comprende y nos aconseja sabiamente.

Jesús nos acepta:
> **El murió en la Cruz por nosotros y aun siendo nosotros pecadores Él nos ofrece salvación sin interesarle nuestra condición actual (Romanos 5:8).**

Todos nuestros pecados y faltas son perdonados, desde el momento que creemos y aceptamos a Cristo confesamos y nos arrepentimos de nuestras faltas. Desde ese mismo momento somo adoptados como hijos de Dios y comenzamos a hacer parte de la familia de Dios. El Espíritu Santo viene a morar en nuestra vida limpia de pecado. La presencia del Espíritu Santo como señal de que hemos sido aceptados por Dios y el sentirnos como Sus hijos, son beneficios permanentes y es un privilegio de los que gozamos todo el tiempo los creyentes.

Jesús nos oye:
> **Él es nuestro sumo sacerdote en el cielo. Escucha nuestras oraciones, nos representa**

delante del Padre e intercede a nuestro favor (Romanos 8:34).

Es posible que nuestros familiares y amigos en la tierra se olviden de nosotros, pero Jesús jamás.

Jesús nos comprende:
Durante Su vida en la tierra, Jesús enfrentó la misma clase de dificultades y problemas que nosotros. Sus posesiones materiales fueron pocas, y no tuvo una casa propia ni lujos. Estaba sujeto a exigencias todo el tiempo, ya que la gente le buscaba día y noche para solicitarle ayuda. Experimentó el dolor de ser malinterpretado por aquellos a los que trató de ayudar. Además, puede identificarse con los que sufren dolores terribles, ya que Él sufrió una muerte humillante y escarnecedora en la Cruz.

Jesús nos aconseja sabiamente:
Jesús envió Su Espíritu Santo para guiarnos a la verdad. Si escudriñamos en las Escrituras, oramos y clamamos a Él, recibiremos discernimiento y dirección, estímulo para perseverar y más aún, Él nos avisará en los momentos de peligro para nuestra protección. Ninguna amistad satisface como la de Jesús.

"Jesús mi Fiel Amigo"

Luis Avilés
Diciembre 28, 2015 6:55 AM

"MI CONFIANZA ESTÁ PUESTA EN DIOS"

NO PODEMOS CONFIAR EN alguien que no conocemos, y ese es el secreto de aprender a confiar en Dios. Cuando alguien dice, "Confía en mí," tenemos una de dos reacciones. Podemos decir, "Sí, yo confiaré en ti", o podemos decir, "¿Por qué debo hacerlo?"

La principal razón por la que debemos confiar en Dios es que Él es digno de nuestra confianza. A diferencia de los hombres, Él nunca miente y nunca falla para cumplir con sus promesas. "Dios no es hombre, para que mienta, Ni hijo de hombre para que se arrepienta. Él dijo, ¿y no hará? Habló, ¿y no lo ejecutará?" (Números 23:19; Salmo 89:34). A diferencia de los hombres, Él tiene el poder para llevar a cabo todo lo que planea y propone hacer. Isaías 14:24 nos dice, "Jehová de los ejércitos juró diciendo: Ciertamente se hará de la manera que lo he pensado, y será confirmado como lo he determinado." Además, sus planes son perfectos, santos y justos, y "a los que aman a Dios, todas las cosas les ayudan a bien, esto es, a los que conforme a su propósito son llamados." (Romanos 8:28). Si nos esforzamos en conocer a Dios a través de Su Palabra, vamos a ver que Él es digno de nuestra confianza y nuestra confianza en Él crecerá diariamente. Conocerlo es confiar en Él.

Podemos aprender a confiar en Dios al ver cómo Él ha demostrado Su confiabilidad en nuestras vidas y las vidas de otros. En 1 Reyes 8:56 leemos: "Bendito sea Jehová, que ha dado paz a su pueblo Israel, conforme a todo lo que él había dicho; ninguna palabra de todas sus promesas que expresó por Moisés su siervo ha faltado." El registro de las promesas de Dios está ahí en Su Palabra para ser visto por todos, tal como el registro de Su cumplimiento. Los documentos históricos verifican esos acontecimientos y hablan de la fidelidad de Dios con Su pueblo. Cada cristiano puede dar testimonio personal de la confiabilidad de Dios al ver Su obra en nuestras vidas, cumpliendo con Sus promesas de salvar nuestras almas y usarnos para Sus propósitos y consolarnos con la paz que sobrepasa todo entendimiento al correr la carrera que Él ha planeado para nosotros (Filipenses 4:6-7; Hebreos 12:1). Cuanto más experimentamos Su gracia, fidelidad, y bondad, más confiamos en Él (Salmo 100:5; Isaías 25:1).

Una tercera razón para confiar en Dios es que no tenemos una alternativa razonable. ¿Debemos confiar en nosotros mismos o en otros que son pecaminosos, impredecibles, no fiables, que tienen un límite de sabiduría, y que con frecuencia hacen malas elecciones y decisiones influidas por la emoción? O ¿confiamos en el sabio, omnisciente, todopoderoso, clemente, misericordioso, y amoroso Dios que tiene buenas intenciones para nosotros? La elección debería ser obvia, pero fracasamos en confiar en Dios porque NO LO CONOCEMOS. Como ya se ha dicho, no podemos esperar a confiar en alguien que es esencialmente un extraño para nosotros, pero esto es fácilmente subsanable. Dios no se ha hecho difícil de encontrar o conocer. Todo lo que necesitamos saber acerca de Dios, Él gentilmente hizo disponible a nosotros ATRAVES DE SU PALABRA a Su pueblo. Conocer a Dios es confiar en Él.

"Mi confianza está puesta en Dios"

Luis Avilés
Pastor CDLF

"ESTAR FIRMES Y RESISTID" (SERIE FIDELIDAD)

Nuestro enemigo no es visible, por lo que no podemos simplemente observar su accionar. Dios conoce los planes y las acciones de nuestro enemigo, por lo que la única forma de batallar es dependiendo totalmente en Él, nuestro Dios. Desafortunadamente, Satanás ha creado fortalezas en la mente de los cristianos sobre cómo batallar, lo que ha llevado a estrategias inefectivas y enfoques erróneos.

1- Una forma errónea de batallar

Hay dos extremos de creencia que son grave en términos de combatir. Primero cuando al rechazar creer que hay una batalla, es fácil sufrir heridas espirituales puesto que nos encontramos sin las armas equipadas ni listas para los dardos que vienen. El otro extremo es el de atribuir todo lo que pasa a "el diablo", lo que termina dándole más poder de lo que realmente tiene.

Muchas personas creen que la forma de luchar contra estas potestades es una lucha de poder. Se comportan como detectives espirituales, siempre buscando al "diablo" para reprenderlo y arrebatarle lo que se ha llevado. Esta no es la enseñanza de la Palabra. De hecho, la Biblia enseña algo muy diferente. Vemos en Judas 1:9 que el arcángel Miguel, quien tiene más poder que nosotros, no se atrevió a proferir juicio de maldición contra el diablo cuando disputaba acerca del cuerpo de Moisés. También vemos la historia de los hijos de Esceva en Hechos 19:11-16, "exorcistas" ambulantes que fueron reprendidos por un demonio al punto de terminar desnudos y heridos.

2- Un llamado a resistir

Entonces, ¿a qué nos llama la Palabra? Dice Santiago: "*someteos a Dios y resistid al diablo y huirá de vosotros*" (Stg. 4:7). ¿Notas el llamado a resistir? Fíjate también en el conocido pasaje de Efesios 6, primero el apóstol nos llama a Fortalecernos (Ef. 6:10) para entonces "*estar firmes contra las insidias del diablo*" (Ef. 6:11), "resistir en el día malo, y…estar firmes" (Ef. 6:13), y una vez más en Efesios 6:14 "*Estén, pues, firmes*". A lo mismo nos llama el apóstol Pedro (1 P. 5:8-9) "*sed sobrios, velad, resistidlo, estar firmes*". En la guerra espiritual, la principal labor del cristiano no es atacar: es RESISTIR.

Entonces, ¿cómo resistimos? Cuando Satanás tentó a Cristo en el jardín, ¿qué hizo Jesús? Citó la Palabra. Satanás, el padre de la mentira, ¡no puede resistir la verdad! Lo que él conoce, donde él trabaja, en lo que es experto es en la mentira. Cuando nos sometemos a la verdad de Dios, creyendo Su palabra, él huirá, buscará otra táctica, volverá, pero la Palabra te dará PODER.

"El pueblo muere en guerra porque no estudia la palabra, no hay conocimiento y solo repiten lo que otros dicen."

Renueva tu mente

- Obedece
- Se Fiel

"Estar firmes y Resistid"

Luis Avilés
Pastor CDLF

"PRINCIPIO DE FIDELIDAD: SERVIR"

"Porque Dios no es injusto para olvidar vuestra obra y el trabajo de amor que habéis mostrado hacia su nombre, habiendo servido a los santos y sirviéndoles aún." Hebreos 6:10

"Porque vosotros, hermanos, a libertad fuisteis llamados; solamente que no uséis la libertad como ocasión para la carne, sino servíos por amor los unos a los otros." Gálatas 5:13

"El que es el mayor de vosotros, sea vuestro siervo." Mateo 23:11

"Dad, y se os dará; medida buena, apretada, remecida y rebosando darán en vuestro regazo; porque con la misma medida con que medís, os volverán a medir." Lucas 6:38

"Porque el Hijo del Hombre no vino para ser servido, sino para servir, y para dar su vida en rescate por muchos." Marcos 10:45

"Hermanos míos, ¿de qué aprovechará si alguno dice que tiene fe, y no tiene obras? ¿Podrá la fe salvarle? Y si un hermano o una hermana están desnudos, y tienen necesidad del mantenimiento de cada día, y alguno de vosotros les dice: Id en paz, calentaos y saciaos, pero no les dais las cosas que son necesarias para el cuerpo, ¿de qué aprovecha? Así también la fe, si no tiene obras, es muerta en sí misma." Santiago 2:14-17

"El amor sea sin fingimiento. Aborreced lo malo, seguid lo bueno. Amaos los unos a los otros con amor fraternal; en cuanto a honra, prefiriéndoos los unos a los otros. En lo que requiere diligencia, no perezosos; fervientes en espíritu, sirviendo al Señor; gozosos en la esperanza; sufridos en la tribulación; constantes en la oración; compartiendo para las necesidades de los santos; practicando la hospitalidad." Romanos 12:9-13

"Cada uno según el don que ha recibido, minístrelo a los otros, como buenos administradores de la multiforme gracia de Dios." 1 Pedro 4:10

"Así que, según tengamos oportunidad, hagamos bien a todos, y mayormente a los de la familia de la fe." Gálatas 6:10

"Amad, pues, a vuestros enemigos, y haced bien, y prestad, no esperando de ello nada; y será vuestro galardón grande, y seréis hijos del Altísimo; porque él es benigno para con los ingratos y malos." Lucas 6:35

"En todo os he enseñado que, trabajando así, se debe ayudar a los necesitados, y recordar las palabras del Señor Jesús, que dijo: Más bienaventurado es dar que recibir." Hechos 20:35

"Porque somos hechura suya, creados en Cristo Jesús para buenas obras, las cuales Dios preparó de antemano para que anduviésemos en ellas." Efesios 2:10

"Y todo lo que hagáis, hacedlo de corazón, como para el Señor y no para los hombres; sabiendo que del Señor recibiréis la recompensa de la herencia, porque a Cristo el Señor servís." Colosenses 3:23-24

"Principio de Fidelidad: Servir"

Luis Avilés
Pastor CDLF

> "Aún si te cortaran las ramas, tus RAICES deben seguir profundizando; volverás a florecer"

Como creyentes y como Iglesia nos asimilamos a la palmera porque crecemos como ella ya que somos colocados por Dios en el desierto, y allí producimos fruto(si verdaderamente estás en la Palabra). Como la palmera crece bajo su peso, es decir que cuanto más pesa, mejor crece. La palmera tiene su distintivo principal que en la tormenta sus raices son tan profundas que podrá inclinarse pero se mantendrá en su lugar, se sostendrá.

Así crecen y prosperan los cristianos verdaderos, las verdaderas nuevas criaturas presionados por sus cargas y luchas, pruebas, dando frutos de arrepentimiento, ejerciendo el fruto del Espíritu Santo y abonando su tierra con la PALABRA DE DIOS(Salmo 119:105, Juan 5:39).

> Salmo 92:12
> "El justo florecerá como la palmera;… Plantados en la casa de Jehová, Aun en la vejez fructificarán; Estarán vigorosos y verdes, Para anunciar que Jehová mi fortaleza es recto,

Y que en él no hay injusticia…"

"Aún si te cortaran las ramas, tus RAICES deben seguir profundizando; volverás a florecer"

"PRONTO LLEGAREMOS A LA META"

Las metas son como aquellos pasos que planteamos en nuestra vida conseguir para lograr grandes sueños. Sin embargo, por el hecho de constituir un sueño no quiere decir que sean fáciles de lograr en todas las ocasiones.

Como personas en busca del triunfo y de la vida que anhelamos, debemos tener metas claras para lograr cada día, objetivos a los cuales llegar en nuestro caminar.

Una gran virtud que vemos en Moisés es que, durante los cuarenta años de camino por el desierto, nunca pensó en volver a Egipto, nunca dijo: "volvámonos a la esclavitud, pues éste camino por el desierto es muy duro"; él en los momentos más difíciles lo que hizo fue buscar a Dios, ésa fue su fortaleza. Cuando el apóstol Pablo se encontraba preso en la cárcel de Filipos con Silas, según Hec. 16:25, lo que hicieron fue adorar a Dios, no murmuraron, ni se quejaron y tampoco pensaron en renunciar. Ellos siguieron adelante con la fuerza y el Gozo del Señor de Dios.

La adversidad es parte del camino. Ante ella hay diversas reacciones: enfrentarla, negarla, huir de ella, etc. Se requiere aquí una profunda decisión de no volver atrás, si queremos lograr o alcanzar algo significativo, pues las cosas sin valor no requieren ningún esfuerzo, ni presentan dificultades.

El apóstol Pablo perseveró a pesar de todo, como lo expresa Filipenses 3:14. Recordemos que Pablo escribe ésta carta a los filipenses desde la cárcel. Es un cristiano que ha vivido naufragios, fue traicionado, abandonado, apedreado, en peligro muchísimas veces, menospreciado por judíos y discípulos, etc; pero no abandonó los caminos del Señor, ni su servicio a Dios. Su decisión de perseverar hasta el fin fue firme, y lo expresa diciendo: "Prosigo a la meta" y así lo hizo, fue fiel a Dios hasta el fin de sus días.

Seguir a Jesucristo, ser un discípulo suyo, implica esfuerzo y perseverancia, pues los obstáculos y oposición son parte del camino. Gracias a Dios, El ha prometido estar con nosotros todos los días y multiplicar nuestras fuerzas como las del búfalo. Adelante, recuerda que las aflicciones presentes, no son comparables con la gloria venidera.

"Pronto llegaremos a la Meta"

Luis Avilés
Junio 10, 2016 7:05am

"ALÉJATE DEL PERVERSO" (SERIE FIDELIDAD)

> **Proverbios 4:15-17:** "No sigas el camino de los perversos, ni trates de ser como ellos. Aléjate del mal, no te acerques a él; pasa de largo y no te detengas. Los perversos no descansan hasta hacer el mal y no pueden dormir hasta que no le hacen daño a alguien. Su comida es la maldad y su bebida la violencia."

El camino de los hombres malos parece agradable y es el camino más cercano para conseguir alguna finalidad; pero es un camino malo y terminará mal; si amas a tu Dios y a tu alma, evítalo.

No dice la Palabra: mantente a la distancia debida sino a una gran distancia; nunca pienses que puedes llegar suficientemente lejos de esto. El camino del justo es luz: Cristo es su Camino y Él es la Luz. Los santos no serán perfectos hasta que llegue el Día de la Perfección, pero ahí brillarán como el sol en su fuerza. El camino del pecado es tinieblas. El camino del impío es tenebroso, por tanto, peligroso; ellos caen en pecado, pero no saben cómo evitarlo. Se meten en problemas, pero nunca tratan de saber si Dios contiende con ellos, ni cuál será el fin de ello. Este el camino que se nos insta a evitar.

"Evite las malas compañías"

Salomón acaba de testificar que había hecho a su hijo andar por veredas derechas. Ahora contrasta ese testimonio con seis consejos de no asociarse con los impíos (4:14–15).

"NO ENTRES POR LA VEREDA DE LOS IMPÍOS NI VAYAS POR EL CAMINO DE LOS MALOS. DÉJALA, NO PASES POR ELLA; APÁRTATE DE ELLA, PASA".

En Proverbios 1:11 observamos que los malos toman la iniciativa de buscar a los incautos, diciendo: "Ven con nosotros". Estos seis consejos tienen que ver con alejarse de los pecadores. Si uno no se acerca a ellos, no puede oír su invitación de participar con ellos en su maldad. Con tal proceder, es más fácil recordar y guardar las enseñanzas de un buen padre. Los padres hacen bien en escoger a los amigos de sus hijos pequeños. De esta manera van entrenándolos para andar solamente con buenos compañeros. Eso les facilita el proceso de escoger a sus amigos cuando lleguen a ser adultos.

"Características de los impíos" 4:16–17
- Son inquietos para la maldad.
- No duermen si no han hecho mal,
- Se deleitan en hacer caer a otros,
- Comen pan de maldad, esto puede indicar que la maldad es su comida o que su comida proviene de su maldad. (4: 17a)

- Beben vino de robos (4:17b)
- Contraste entre los justos y los impíos 4:18–19

Los justos caminan en la luz que resplandece como la aurora, que va en aumento hasta que el día es perfecto (Proverbios 4:18). No tropiezan porque su senda está bien iluminada. Por su lado, los impíos andan en oscuridad y tropiezan por falta de luz; ni siquiera saben en lo que tropiezan (Proverbios 4:19).

"Aléjate del PERVERSO"

Luis Avilés
Pastor CDLF

LA VOLUNTAD DE DIOS

"La fe en la voluntad de Dios te elevará a las bendiciones del próximo nivel".

ALEMANIA KENT

"HACER EL BIEN"

ALGUNAS VECES SURGE LA pregunta: ¿Tienen los cristianos la responsabilidad de hacer el bien a los demás? O ¿tiene la iglesia la responsabilidad de hacer el bien a aquellos que no son miembros de la iglesia? Me imagino cómo podría responder Jesús a la pregunta. El podría, por ejemplo, responder con lo que le dijo al joven rico en Mateo 19:21:

> "SI QUIERES SER PERFECTO, ANDA, VENDE LO QUE TIENES, Y DALO A LOS POBRES, Y TENDRÁS TESORO EN EL CIELO."

O podría responder con lo que dijo al maestro de la ley en Marcos 12:31:

> "Y EL SEGUNDO ES SEMEJANTE: AMARÁS A TU PRÓJIMO COMO A TI MISMO. NO HAY OTRO MANDAMIENTO MAYOR QUE ÉSTOS."

O podría responder con lo que dijo al rico en Lucas 12:21:

> "ASÍ ES EL QUE HACE PARA SÍ TESORO, Y NO ES RICO PARA CON DIOS."

En Gálatas 6: 7-10

El pasaje comienza con las palabras "NO OS ENGAÑÉIS", y es un buen consejo para todos. Sin embargo este pasaje quiere decir que nadie puede negar una verdad. Esta verdad es: Nadie puede burlarse de Dios. Dios ve todo. Nadie puede esconder de Dios lo que hace en su vida. Cuando el pasaje dice que nadie puede burlarse de Dios, esta refiriéndose a la frase que sigue, "El hombre cosecha lo que siembra". Hay una ley en la naturaleza que dice que lo que sembramos en la tierra es lo que cosechamos. Todo es fiel a sus genes respectivos, si sembramos trigo, cosechamos trigo, si ponemos una semilla de manzana, cosechamos las manzanas. Pablo dice lo mismo cuando dice, "EL QUE SIEMBRA PARA SU CARNE, DE LA CARNE SEGARÁ CORRUPCIÓN; EL QUE SIEMBRA PARA EL ESPÍRITU, DEL ESPÍRITU SEGARÁ VIDA ETERNA." Si sembramos pecado, vamos a cosechar pecado, si sembramos el bien, vamos a cosechar el bien. Pablo lo presenta como una verdad de Dios. Lo que sembramos es lo que cosechamos.

Por tal razón, no debemos cansarnos de hacer el bien. Debemos hacer el bien específicamente por la cosecha que nos trae. En el versículo 10 Pablo dice "POR LO TANTO" o "ASÍ QUE". Estas palabras nos indican que lo que dijo antes debemos aplicarlo a nuestra vida. Nosotros hagamos bien a todos, con un Corazón sano, puro, sin capricho, sin envidia y sin espiritu religioso específicamente porque Dios nos prometió que vamos a cosechar lo que hemos sembrado.

"Hacer el bien"

Luis Aviles
Diciembre 6, 2015 6:55 am

"CONOCIENDO, HACIENDO LA VOLUNTAD PERFECTA DE DIOS"

HAY DOS CLAVES PARA conocer la voluntad perfecta de Dios en una situación dada:
1. Asegurarse que lo que está pidiendo o considerando hacer, no sea algo que la Biblia lo prohíbe o afecte su modo de vida.
2. Asegurarse que lo que está pidiendo o considerando hacer, va a glorificar a Dios, y va a ayudarlo a usted a crecer espiritualmente.

Si estas dos cosas son ciertas, y Dios todavía no le ha dado lo que le está pidiendo, entonces es probable que no sea la voluntad de Dios que usted obtenga lo que está pidiendo. O tal vez, usted simplemente necesita esperar un poco más de tiempo para recibirlo. A veces queremos forzar lo que "llamamos bendiciones" para luego estar ahogados en deudas que nos quitarán el gozo en nuestras vidas. Algunas veces, conocer la voluntad de Dios es difícil pero vivir su perfecta voluntad se hace aun mucho mas difícil. La gente quiere que Dios básicamente les diga qué hacer – dónde trabajar, dónde vivir, con quién casarse, etc. La voluntad de Dios es que te cases hombre con mujer o mujer con hombre. Pero, Sera la perfecta voluntad de Dios ese hombre o mujer que no estes haciendo yugo desigual o yugo con un infiel?

> Romanos 12:2 nos dice, "No os conforméis a este siglo, sino transformaos por medio de la renovación de vuestro entendimiento, para que comprobéis cual sea la buena voluntad de Dios, agradable y perfecta."

Dios raramente da a la gente esa información directa y específica. Dios trabaja con el Corazón y pone paz en El. Dios nos permite hacer decisiones referentes a aquellas cosas. La única decisión que Dios no quiere que hagamos es pecar o resistirse a Su voluntad. Dios quiere que tomemos decisiones que estén de acuerdo con Su voluntad y perfecta voluntad.

De manera que, ¿cómo saber cuál es la perfecta voluntad de Dios para usted? Si usted está caminando cerca del Señor, y deseando de verdad Su voluntad para su vida, Dios va a colocar Sus propios deseos en su corazón. La clave es desear la perfecta voluntad de Dios, no la suya propia. *"Deléitate asimismo en Jehová, y él te concederá las peticiones de tu corazón"* (Salmos 37:4).

Si la Biblia no habla en contra de sus peticiones, y si éstas genuinamente pueden beneficiarle espiritualmente – entonces la Biblia le da "permiso" para tomar decisiones y seguir la paz que Dios dara a su corazón.

"Conociendo, haciendo la voluntad perfecta de Dios"

Luis Aviles
Octubre 7, 2015 6:33 am

"LA VOLUNTAD DE DIOS"

LA VOLUNTAD DE DIOS no se sujeta a la razón humana.

Su Voluntad no trabaja por lo que yo quiera, por mis deseos o por lo que piense.

Él es Soberano, Eterno, No tiene principio ni fin.

Lo que podamos pensar o creer en nuestra mente pequeña no es absolutamente nada a lo que Dios determine(ó) en su tiempo (Khairos, Kairós).

No tratemos de hablar o pensar por El, solo seamos portadores y voceros del sencillo Evangelio de Cristo su hijo que es a través de El que iremos a Dios (cruz, muerte, resurrección y vida eterna).

"La Voluntad de Dios"

Luis Avilés
Pastor CDLF

"HACER LA VOLUNTAD DE DIOS"

¿cuál es el propósito del sistema de este mundo principado por nuestro enemigo?

Su propósito es alejar los corazones de los hombres de Dios y evitar que hagan la voluntad de Él.

El enemigo tiene algo atractivo y llamativo que ofrecer a cada persona, siempre busca la forma de engañarnos con lo que MAS NOS GUSTA O LO QUE MAS NECESITAMOS. Él engaña a la gente incrédula para que piensen que las cosas de esta vida son lo único que importa. Él quiere que pasen sus vidas buscando estas cosas para que nunca tengan tiempo de pensar en su necesidad de ser salvos. El INCRÉDULO no ha rendido su corazón a Cristo, visita una congregación y la mayoría de las veces NUNCA ENCUENTRA LA "IGLESIA PERFECTA" POR QUE SIEMPRE SE INCOMODA CON TODOS.

¿QUÉ DE LOS «CRISTIANOS»? ¿Puede Satanás engañarnos? ¡Sí, seguro que puede! Satanás usa las cosas atractivas de este mundo para apartar nuestro corazón de Dios y evitar que hagamos Su voluntad, usa al que está al lado nuestro para desenfocarnos del camino y así podamos desviarnos de la meta. El enemigo usa a su pareja para convencer de que no se congregue y deje de buscar el rostro del Señor, a nuestros jefes, estudios, etc.

Es por eso que la Biblia nos amonesta:

No améis al mundo, ni las cosas que están en el mundo. Si alguno ama al mundo, el amor del Padre no está en él. (1 Juan 2:15).

No améis al mundo significa:

No amar nada que nos aparte de nuestro Dios, de nuestra devoción a nuestro Salvador. Nada...

¿Por qué los convence el MUNDO?

Nunca tuvieron una autentica experiencia personal con Jesús. Esto implica el desconocimiento del Dios real, no les importó escudriñar la Palabra de Dios y persistieron en la calumnia, engaño, deslealtad, traición e infidelidad a Dios y a todo el que sigue al Salvador, no han tenido esa experiencia transformadora, donde la vida no vuelve a ser la misma, cuando hay un cambio auténtico, un abandono del pecado, donde el dejar el pecado, no es por legalismo o por obligación, sino *"por la convicción del Espíritu Santo"* (véase Juan 16.8). Cuando hay un verdadero cambio dentro de ti, trasciende hacia tu comportamiento exterior; Jesús viene a llenar el vacío en tu corazón, cambia tu amargura en alegría, el lamento en gozo; si nunca has amado empiezas a dar amor, *"el que no ama, no conoce a Dios, porque Dios es amor"* (1 Juan 4.8).

Incrédulo:

1. [persona] Que no cree con facilidad en las cosas que no ve o que no se han probado como evidentes, aunque estén aceptadas o consensuadas por la mayoría.
2. [persona] Que no tiene fe o no tiene creencias religiosas.

Volvamos nuestro corazón a nuestro Redentor, pronto nos iremos a nuestro verdadero Hogar.

¿Cuál es el propósito del sistema de este mundo principado por nuestro enemigo?

Luis Avilés
Pastor CDLF

"NO RECUERDES EL PASADO"

Isaías 43:18-20 (DHH)
>18 Ahora dice el Señor a su pueblo:
>«Ya no recuerdes el ayer,
>no pienses más en cosas del pasado.
>19 Yo voy a hacer algo nuevo,
>y verás que ahora mismo va a aparecer.
>Voy a abrir un camino en el desierto.

Si intentamos pasar por "aguas de malos recuerdos" sin lugar a duda el pasado nos ahogará, pero si capitalizamos el dolor o lo gris de la experiencia negativa, habremos crecido para ser más fuertes. Si vamos con nuestras fuerzas, es muy probable que nos volvamos a ahogar, pero si ocupamos toda esa energía a favor de confiar en Dios y olvidamos seguramente vendrán "cosas nuevas y poderosas"

Los malos recuerdos del pasado nos roban la tranquilidad del presente, el enemigo se goza cuando se recuerda con morbosidad el pasado causando vivencias en su recuerdo. Hoy es un día muy especial para ti, es "cosa nueva" y el pasado nos impide ver lo prometedor y agradable que nos depara el mañana.

Olvídese del ayer y viva el presente que conduce al mañana.

Luis Avilés
Pastor CDLF

"NO OS ACORDÉIS DE LAS COSAS PASADAS, NI TRAIGÁIS A MEMORIA LAS COSAS ANTIGUAS. HE AQUÍ QUE YO HAGO COSA NUEVA;"

Isaiah 43:18-19(NVI)
"Forget the former things;
do not dwell on the past.
See, I am doing a new thing..."

Isaías 43:18-19(RV 1960)
"No os acordéis de las cosas pasadas, ni traigáis a memoria las cosas antiguas.

He aquí que yo hago cosa nueva; ..."

Isaías 43:18-19(DHH)
"Ahora dice el Señor a su pueblo:
«Ya no recuerdes el ayer,
no pienses más en cosas del pasado. Yo voy a hacer algo nuevo..."

No es nada malo tener buenos recuerdos del pasado, pero el pasado ya no puede volver. Cada día, tenemos la oportunidad de escribir una página nueva de nuestras vidas y si bien no pudo obtener experiencias del pasado (buenas o malas), cada día tiene su propia historia. Vivir atados al pasado nos inutilizará para el presente y nos frustrará para el futuro. Es claro que la Palabra de Dios nos dice claramente que recordar y traer al presente situaciones que a Dios no le agrada entristeces el corazón de Dios. ¿Acaso Él no nos hizo Nueva Criatura? ¿Acaso las cosas viejas pasaron y todo es hecho nuevo? ¿Porque queremos entristecer a nuestro Salvador?

Nunca olvides que con Dios lo que viene puede ser mejor que lo anterior. Para la estéril Ana su futuro fue mejor pues dio a luz un bello hijo con el favor de Dios; en las bodas de Caná de Galilea, el Señor dejó el mejor vino para el final. Como cristianos podemos ver el futuro diferente de lo que fue nuestro pasado. Incluso aunque nuestro pasado haya sido bueno el Poder de Dios aún puede hacer que nuestro futuro sea todavía más exitoso y pleno de bendiciones.

"No os acordéis de las cosas pasadas, ni traigáis a memoria las cosas antiguas. He aquí que yo hago cosa nueva;..."

Luis Avilés
Pastor CDLF

"DIOS, SU VOLUNTAD Y LA NATURALEZA CREADA POR EL"

NO CABE DUDA ALGUNA que Dios habla a través de la naturaleza. Dios quiere comunicarse al hombre a través de su Creación. Satanás NO TIENE DOMINIO SOBRE LO QUE DIOS CREÓ. Pero tristemente tenemos que decir que esa es la forma que hacemos ver lo creado por sus Manos ante los ojos del mundo cuando hablamos de estos "fenómenos" de la Naturaleza. Dios se revela al hombre a través de ella. A veces veo como nosotros los "cristianos" maltratamos sin escrúpulos, desmedidamente lo CREADO POR DIOS y mucho más LA FORMA MUY POCO USUAL DE DIOS DECIRNOS QUE NOS ACORDEMOS DE EL. He visto, escuchado como "religiosos" dicen que "Dios le dio una pata' (patada) al meteoro atmosférico Irma como si hubiera algún sentido en esa declaración. Que ignorancia.

1. El diluvio,
2. 10 plagas de Egipto,
3. La división del mar Rojo,
4. La rebelión de Koré,
5. La nube y columna de fuego que protegía al pueblo de Israel en el desierto,
6. Desciende fuego del Cielo y consume el holocausto,
7. La Zarza ardiendo,
8. Josué habló al SEÑOR y dijo: Sol, detente en Gabaón, y tú

luna, en el valle de Ajalón.
9. La peña y muchos más...

¿Acaso Dios no habló a través de estos eventos naturales?

¿No era el mismo Dios Creador que controlaba y dirigía como El quería la naturaleza?

- Satanás NO tiene dominio sobre la naturaleza.
- Dios nos habla a través de la naturaleza
- Dios tiene cuidado de sus hijos como en Egipto.
- Nada acontece a los que creen y verdaderamente son nuevas criaturas.

No deja de preocuparnos y hasta nos ponemos nerviosos, inquietos cuando Dios permite y crea estos fenómenos. Pero nuestra Fe está puesta en ese que le dice a la mar y a los vientos detente y sabemos que NADA Prevalecerá contra los hijos de Dios.

Nuestra oración debe ser: "Que se haga tu voluntad Señor de los Cielos, Creador de la naturaleza"

"Dios, su Voluntad y la naturaleza Creada por El"

Luis Avilés
Pastor CDLF

"CREYENTES, CRISTIANOS Y EVANGÉLICOS CON MENTE REPROBADA; DONDE ESTÁN LAS NUEVAS CRIATURAS CON LA MENTE DE CRISTO" PT.1

Romanos 1:28(DHH)

"Como no quisieron reconocer a Dios, EL los ha abandonado a sus perversos pensamientos, para que hagan lo que no deben"

Romanos 1:28-32(RV1960)

"Y como ellos no aprobaron tener en cuenta a Dios, Dios los entregó a una mente reprobada, para hacer cosas que no convienen; estando atestados de toda injusticia, fornicación, perversidad, avaricia, maldad; llenos de envidia, homicidios, contiendas, engaños y malignidades; murmuradores, detractores, aborrecedores de Dios, injuriosos, soberbios, altivos, inventores de males, desobedientes a los padres, necios, desleales, sin afecto natural, implacables, sin misericordia; quienes habiendo entendido el juicio de Dios, que los que practican tales cosas son dignos de muerte, no sólo las hacen, sino que también se complacen con los que las practican."

La enseñanza de Pablo sobre el por qué una sociedad se degenera en males desenfrenados, depravados y destructivos difiere de cualquier análisis que usted pueda leer en la actualidad. Una de las razones es que cuando una sociedad se está hundiendo en la decadencia moral, una de las características de esa decadencia es la incapacidad para ver lo que está ocurriendo. La mente social se vuelve tan defectuosa en la decadencia moral, que no tiene las categorías o marcos sociales para reconocer el mal por lo que realmente es.

Vivimos en esos días que a lo malo se le llama bueno y a lo bueno se le llama malo, dias en que no se señala en donde está el mal, dias en donde se predica un mensaje para prosperar, pero no de Salvación apuntando a la Cruz del Centro.

La incapacidad para hacer juicios morales sensatos es evidente en casi todas las partes que se mire, lo que hace que este pasaje de las Escrituras sea uno de los textos más relevantes y necesarios en toda la Biblia para nuestros días, precisamente porque parece algo tan extraño. Hoy, si algo no parece espiritual ni moralmente extraño, probablemente forme parte de la ciega y decadente atmósfera que respiramos, y por ende carece de uso real para nosotros, sin importar cuánto bien nos haga sentir.

Necesitamos una Palabra de Dios. Y sin lugar a dudas podemos esperar que esa palabra sea muy extraña, porque nos hemos vuelto extraños a la realidad de Dios en una época muy ensimismada (en sí mismo).

"Creyentes, cristianos y evangélicos con mente reprobada; Donde están las Nuevas Criaturas con la Mente de Cristo"

Luis Avilés
Pastor CDLF

"RENOVACIÓN Y LA VOLUNTAD DE DIOS"

Romanos 12:2b "..., Y no os adaptéis a este mundo, sino transformaos mediante la renovación de vuestra mente, para que verifiquéis cuál es la voluntad de Dios: lo que es bueno, aceptable y perfecto".

El versículo 2 dice que tenemos que verificar cuál es la "voluntad de Dios". Es una frase muy común y creo que a veces, cuando la utilizamos, puede que NO SEPAMOS de qué estamos hablando. Eso, espiritualmente, no es nada saludable. Si nos acostumbramos a utilizar lenguaje religioso, sin saber a qué nos referimos con él, gradualmente nos convertiremos en CASCARONES VACÍOS. Y muchas afecciones diferentes poblarán las mentes religiosas vacías, que poseen palabras, pero poco o ningún contenido.

El término *"la voluntad de Dios"* tiene al menos, y posiblemente, tres significados bíblicos.

*Primero, está la soberana voluntad de Dios, que siempre se cumple sin fallar.

*Segundo, está la voluntad de Dios relevada en la Biblia —no robarás, no darás falso testimonio contra tu prójimo, no matarás, no codiciarás la mujer de tu prójimo, y no desearás la casa de tu prójimo, ni su campo, ni su siervo, ni su sierva, ni su buey, ni su asno, ni nada que sea de tu prójimo— y esta voluntad a menudo no se cumple.

*__Tercero,__ está el camino de la sabiduría y de la piedad espontánea —sabiduría, cuando con nuestras mentes renovadas aplicamos conscientemente la Palabra de Dios a circunstancias moralmente complejas, teniendo el temor a nuestro Dios, sobre todo; piedad espontánea, cuando vivimos la mayor parte de nuestras vidas sin reflexionar conscientemente acerca de los cientos de cosas que decimos y hacemos todos los días.

Como cristianos exaltadores de Cristo, somos completamente inútiles si todo lo que hacemos es adaptarnos al mundo que nos rodea. Y la clave para no desperdiciar nuestras vidas con esta clase de éxito y prosperidad, según pablo, es ser transformados: "no os adaptéis a este mundo, sino transformaos". Esa palabra, transformación, es utilizada solo una vez en todos los evangelios, exclusivamente, cuando se refiere a Jesús en el monte de la transfiguración (el monte de la transformación): *"y se transfiguró delante de ellos; y su rostro resplandeció como el sol, y sus vestiduras se volvieron blancas como la luz"* (Mateo 17:2 y Marcos 9:2).

Hago este señalamiento por una razón: para dejar claro que la inconformidad con el mundo no significa principalmente evadir externamente las conductas mundanas. Está incluido. Pero usted puede evitar toda clase de comportamiento mundano y sin embargo no ser transformado, persistir en su opinión humana, en su cultura y tradición sin dar paso a que la Mente de Cristo sea la que gobierne sobre nuestra vida.

La transformación no es cambiar de la lista de acciones de la carne por la lista de acciones de la ley. Cuando Pablo reemplaza la lista —las obras— de la carne, no las cambia por la obra de la ley, sino por el fruto del Espíritu (Gálatas 5:19-22).

La alternativa cristiana ante la conducta inmoral no es crear una nueva lista de comportamientos. La alternativa cristiana para la inmoralidad es el poder triunfante y la transformación del Espíritu Santo mediante la fe en Jesucristo —nuestro Salvador, nuestro Señor, y nuestro Tesoro.

> "Dios nos hizo suficientes como ministros de un nuevo pacto, no de la letra, sino del Espíritu; porque la letra mata, pero el Espíritu da vida" (2 Corintios 3:6).

De modo que la transformación es un profundo cambio interno, pagado por la sangre de Cristo, y llevado a cabo por el Espíritu Santo.

"Renovación y La Voluntad de Dios"

Luis Avilés
Septiembre 3, 2016 3:05pm

"SEPULCROS BLANQUEADOS CON ESPÍRITU DE JEZABEL"

Son muchos los llamados y pocos los escogidos. Mateo 22

8 Entonces dijo a sus siervos: Las bodas a la verdad están preparadas; más los que fueron convidados no eran dignos.
12 Y le dijo: Amigo, ¿cómo entraste aquí, sin estar vestido de boda? Mas él enmudeció.
13 Entonces el rey dijo a los que servían: Atadle de pies y manos, y echadle en las tinieblas de afuera; allí será el lloro y el crujir de dientes.
14 Porque muchos son llamados, y pocos escogidos.

Parece mentira, están pendientes al "traje", "peinado", "ropa" y no están haciendo lo que Jesucristo vino a hacer.

Se "predican" entre ellos mismos, ¿qué efecto tiene? Ningún efecto, ellos se hablan y escuchan lo que le conviene. Quieren tomar el papel del Espíritu Santo para condenar y señalar y tratan de invalidar lo inspirado por nuestro Dios en su Santa Palabra:

> 1 Corintios 3:6-8 Nueva Versión Internacional (NVI) 6 Yo sembré, Apolos regó, pero Dios ha dado el crecimiento. 7 Así que no cuenta ni el que siembra ni el que riega, sino sólo Dios, quien es el que hace crecer. 8 El que siembra y el que riega están al mismo nivel, aunque cada uno será recompensado según su propio trabajo.

Dios tenga misericordia de los RELIGIOSOS QUE TODAVIA VIVEN SU VIDA Y LA DE OTROS CRITICANDO Y SEÑALANDO Y NO SALEN A CUMPLIR LA GRAN COMISIÓN QUE NUESTRO MAXIMO LÍDER, Jesús, NOS ORDENÓ A HACER.

No se dan cuenta que su familia, hijos se pierden por causa de su mal testimonio y NO RECONOCEN SU ERROR Y SE ARREPIENTEN PARA QUE PUEDAN ALCANZAR MISERICORDIA.

Esta estadística más adelante nos deja ver la realidad de las "supuestas iglesias" y sus "pastores" que están ciegos espiritualmente y permiten que las "ovejas" hagan lo que les dá la gana para no perder las "finanzas". ¿Las ovejas TIENEN que multiplicarse, como? Predicando el evangelio a toda criatura, haciendo discípulos. Las ovejas no se multiplican llevándoselas, brincando de congregación a congregación. Cuando no hay sensibilidad a la voz del Espíritu Santo el hombre es el que gobierna la congregación y por ende NO HAY CRECIMIENTO.

Le damos Gloria a nuestro Salvador que en el año y seis semanas que tenemos en el pastorado ordenado por Dios hemos visto crecimiento arrebatándole las almas al enemigo, saliendo, predicando con nuestro testimonio la Palabra verdadera de Dios. 100 nuevos convertidos y seguimos en crecimiento, algunos dan al 30, 60 otros a 100 pero siguen marchando para la Gloria de nuestro Dios.

¿Damos gracias al Creador que el espíritu de Jezabel, de oposición, antagónico se ha ido de nuestra congregación, a quien van a engañar? ¿¿¿¿Se olvidan del don de Discernir????

Dios se ha derramado con Poder y Gloria. Se siente una presencia poderosa, de unción en Casa de la Fe,

Estamos listos para salir nuevamente, agresivamente para hacer la voluntad de Él.

"Las ESTADISTICAS NO MIENTEN"

OSEAS 14:9

"Que los sabios entiendan estas cosas. Que los que tienen discernimiento escuchen con atención. Los caminos del Señor son rectos y verdaderos, los justos viven al andar en ellos; pero en esos mismos caminos, los pecadores tropiezan y caen."

Convertirse y entregar su corazón a Jesús significa, no solo abandonar el mal camino y dejar de hacer el mal, es necesario producir fruto abundante de amor, de justicia, de misericordia, de solidaridad (en resumen: llevar a cabo obras de justicia o rectas ante Dios sin hacerte creer que las OBRAS son las que te "salvan"). Las obras (rectas o justas) pondrán en evidencia ante los ojos que nos contemplan, la calidad y la autenticidad de nuestra conversión de manera que para poder dar testimonio de una conversión autentica, necesariamente debemos llevar a cabo las obras de justicia en el Señor.

Esto no será posible en nosotros, mientras el pecado aún permanece como carga a la cual hay que responder o "pagar" a diario con sus obras inicuas. Por lo que tal llamado a la "conversión" va más allá de nuestras posibilidades espirituales; por cuanto se requiere de la ayuda del poder o Gloria de Dios que nos brindan entendimiento y perspicacia, a fin de comprender la Palabra del Señor en su sentido cabal.

De esta manera es que podemos llegar a comprender la "conversión", como medio para poder llegar hasta Dios y Su justicia; no sin antes someternos a las disposiciones reglamentarias o prescripciones divinas (oración, ayuno, lectura de la palabra) por las cuales lograremos llegar hasta Él. Porque el Evangelio del Señor Jesucristo es el único medio por el cual lograremos la verdadera conversión, y no otro.

"Dejar de hacer el mal" es la respuesta a toda pregunta relacionada con la conversión; pero aún nos preguntamos: ¿Quién puede dejar de hacer el mal, o mejor dicho, dejar de pecar, si el pecado habita en él y todo cuanto hace está relacionado con dicho pecado? ¿Quién está libre de pecado para que, mediante dicho testimonio, pueda tirar la primera piedra o emitir juicio sobre algún pecador que confiesa su pecado? Es por ello que debemos reflexionar sobre estas cuestiones espirituales, para no vernos entrampados en un juego serpentino ocasional, o en alguna emoción religiosa.

Fijemos nuestra mirada en Dios, demos la espalda al mal, al mundo, a la impiedad y comencemos a caminar en su CAMINO DE RECTITUD.

Oseas 14:9

Luis Avilés
Abril 11, 2016 8:45am

MISERICORDIA

"Dios está más dispuesto a perdonar que a castigar. La misericordia se multiplica más en Él que el pecado en nosotros. La misericordia es su naturaleza'

THOMAS WATSON

"MISERICORDIA Y GRACIA DE DIOS SON ETERNAS" (SIN PRINCIPIO Y SIN FIN)

TENGO ESTE TEMA DÁNDO vueltas en mi corazón hace unos dias desde que volví a leer el Salmo 136 donde el común denominador lo es "porque para siempre es tu misericordia".

Tanto el Antiguo como el Nuevo Testamento proclaman la misericordia y gracia de Dios. Tenemos que dejar esta idea errónea de que la justicia y el juicio pertenecen al Dios del Antiguo Testamento, mientras que la misericordia y gracia, pertenecen al Dios de la iglesia.

En principio, no hay diferencia entre el Antiguo Testamento y el Nuevo en cuanto a Dios. UN SOLO DIOS es el que habla en los dos testamentos, y lo que El habla, está de acuerdo con lo que El es. La misericordia y gracia de Dios no son cualidades temporales, sino atributos de Su Ser ETERNO (desde antes de la fundación de este mundo hasta despues de la muerte su Gracia y Misericordia son Eternas).

No tenemos que tener miedo de que dejarán de existir algún día. La misericordia y gracia no tienen ni comienzo ni fin. ¡Son para siempre! (son parte del Reino Sempiterno de nuestro Creador). En Dios, la misericordia y la gracia son UNA; pero conforme nos llegan a nosotros, son vistas como dos – relacionadas, pero no idénticas. Dos lados de la misma moneda.

LA MISERICORDIA es la bondad de Dios confrontando

nuestro falta y culpa, y GRACIA es la bondad de Dios dirigida hacia nuestra deuda y falta de mérito. Es por Su gracia que Dios aplica mérito donde no lo había, y declara que ya no hay deuda, donde antes la había. En Su misericordia y gracia, Dios nos bendice, aun cuando no lo merecemos. ¿Quiénes somos nosotros que queremos atribuirnos posiciones celestes cuando todos somos iguales ante la Misericordia y la Gracia de Dios?

"Misericordia y Gracia de Dios son Eternas" (sin principio y sin fin)

Luis Avilés
Pastor CDLF

"EL MISTERIO DE LA PIEDAD"

1 Timoteo 3:16
1. Dios fue manifestado en carne,
2. Justificado en el Espíritu,
3. Visto de los ángeles,
4. Predicado a los gentiles,
5. Creído en el mundo,
6. Recibido arriba en gloria.

Todo se ha cumplido en su totalidad.

Por eso:
Toda doctrina humana, toda opinión, todo invento filosófico, toda teoria, todo tipo de religiones, todo tipo de "dioses", todo tipo de vibra, todo tipo de energías, etc., es solo puras mentiras disfrazadas para que el propósito de Dios no se cumpla en aquel que necesita encontrarse con Cristo (el misterio de la piedad).

Cuando los hijos de Dios tambalean en cuanto a la doctrina, cuando no muestran verticalidad en su vida, cuando tienen ira y contienda, cuando muestran un espíritu de rebeldía, cuando sus líderes no manifiestan el fruto del Espíritu y no administran con madurez y sabiduría, entonces la columna, que es la iglesia, se debilita y el mundo no ve a Dios con claridad y no escucha bien el mensaje del evangelio.

Pronto vendrá en las nubes para buscar lo que le pertenece, su Novia...

"El misterio de la piedad"

Luis Avilés
Pastor CDLF

"LA MANERA DE ACTUAR DE DIOS: NORMAL Y MILAGROSA"

En Isaías 55.8: Dios dijo: "Mis pensamientos no son vuestros pensamientos, ni vuestros caminos mis caminos".

En realidad, una de las frustraciones más grandes para el creyente proviene del no entender la manera de actuar de Dios. Hay veces cuando pudiéramos estar orando por un milagro, pero Él no nos los concede. Las expectativas insatisfechas producen confusión, decepción e incluso enojo. ¿Por qué Dios me falló?

Hay dos opiniones predominantes en cuanto a los milagros. Algunas personas no creen que Dios haga milagros en absoluto, mientras que otras están convencidas de que si Él no está haciendo algo milagroso en la vida de alguien, entonces algo anda mal con la fe de la persona. Necesitamos tener una perspectiva equilibrada y bíblica.

Dios actúa de manera tanto sobrenatural como normal, y determina el método. Elías fue alimentado milagrosamente con comida que le traían los cuervos, pero la fuente de abastecimiento de agua de un arroyo era completamente natural. Cuando el arroyo se secó, el Señor pudo haber creado otro manantial, pero no lo hizo.

A veces, Dios utiliza medios normales para movernos en una

nueva dirección. La reducción de la fuente de abastecimiento le abrió a Elías la puerta para comenzar una nueva "tarea". Cuando el Señor interviene de forma milagrosa y deja que el arroyo se seque, es porque tiene preparado algo mejor.

Ver la obra de Dios en lo milagroso es fácil, pero Él está involucrado en lo común y corriente de la vida, tanto como en lo sobrenatural. Él está allí, abriendo y cerrando puertas, quitando una oportunidad, pero dando otra.

"SUS MISERICORDIAS SON NUEVAS CADA DÍA"

> No sé si necesitas una revelación fresca de Dios hoy. No busques a nadie, Su Palabra nos dice que: "Por la misericordia de Jehová no hemos sido consumidos, porque nunca decayeron sus misericordias. Nuevas son cada mañana; grande es tu fidelidad. Mi porción es Jehová, dijo mi alma; por tanto, en él esperaré." Lamentaciones 3:22-24

El privilegio de ser hijo de Dios es que cuentas con la misma presencia de Dios en tu vida. Si vivimos en comunión con Dios, su presencia está con nosotros. Su mirada resplandece sobre nosotros. Esta porción es una bendicion de la que puedes apropiarte hoy día.

> "24 Jehová te bendiga, y te guarde; 25 Jehová haga resplandecer su rostro sobre ti, y tenga de ti misericordia; 26 Jehová alce sobre ti su rostro, y ponga en ti paz". Numeros 6:24-26

En medio de las situaciones adversas por las que estas pasando en tu vida, recuerda que Dios tiene el control de todo. No hay nada fuera de su alcance. Una cosa he aprendido y es esta, que la garantía de la victoria en medio de las tribulaciones no significa que esa victoria será fácil. La victoria generalmente toma tiempo, sudor, lágrimas. ¿Por qué? Dios es práctico. Su plan es darnos la victoria, pero al mismo tiempo hacernos más fuertes y promover madurez espiritual en medio de las pruebas. Él no va a desperdiciar la oportunidad de hacer todo esto al mismo tiempo. El fin de todo aquello que sucede en nuestras vidas es para traer gloria a Dios.

"Sus Misericordias son Nuevas cada día"

Luis Avilés
Julio 16, 2016 9:00am

"RENUNCIANDO SIN OLVIDAR NUESTRO PASADO"

HAY CASOS QUE "CRISTIANOS" cambiamos, nos transformamos, evolucionamos y corremos el riesgo de olvidar de donde Dios nos sacó, de olvidar nuestro pasado, de enterrarlo en el inconsciente. Y no es buena idea tratar de enterrar el pasado que es lo que nos sostendrá para lo que vendrá por delante, porque entonces nos atacan nuestros recuerdos, y nos impiden vivir en paz.

Debemos tener siempre muy presente que hemos llegado a ser quienes somos, porque venimos de dónde venimos. De lo contrario, seríamos otros.

Fuimos pecadores antes de ser nuevas criaturas. Y no hay que avergonzarse por ello, fue una etapa necesaria. Pablo dice en Filipenses 3 que su pasado lo tiene por estiércol. Y yo le doy otra interpretación a ese versículo. Mi padre usaba estiércol para las plantas, los árboles para que crecieren fuertes y robustos. Les invito a que busquen que es el estiércol y de donde proviene. Nos queda camino, todavía hay vida por transitar.

Recordar tu pasado te dará fuerzas y ánimo para no caer, Tu no quieres volver a la misma forma de vivir. No dejemos eslabones rotos en la cadena de oro que es nuestra vida, porque cada uno de ellos nos sostiene y nos mantiene en contacto con nuestro testimonio. Nuestro pasado es el Cordón umbilical de nuestra existencia que alimenta nuestra alma y corazon. Nada es accesorio, todo cuanto nos sucede es necesario, todo nos aporta, todo supone una oportunidad de crecimiento, todo es ocasión de enriquecimiento si somos capaces de vivirlo con el Espíritu Santo que nos fortalece y nos consuela.

No debemos olvidar de donde Dios nos sacó, pero no debemos tampoco someternos –como esclavos- a que el enemigo nos recuerde de donde salimos. Nuestro pasado este allí para nutrirnos, para que tomemos fuerzas y podamos avanzar hacia ese futuro que nos atraviesa y nos llama. Apoyándonos en la historia, debemos atrevernos a ir más allá de ella. El sedimento del pasado es un rico abono que facilita el crecimiento de nuestra semilla interior en el ahora y en el mañana. Mientras hay vida hay futuro, mientras hay futuro hay esperanza.

¿Quieres conocer lo que Dios tiene para Ti? Acéptalo y Mira tú presente. ¿Quieres comprender tu presente? Vuelve la vista hacia tu pasado. Pero no olvides jamás que –como dice el apóstol Pablo por la escuela que pasaste. El poeta dijo "se hace camino al andar". No te detengas, avanza hacia tu destino… Esté donde esté. La felicidad y el amor que es Dios te espera en el camino, en ese camino, en tu camino.

"Renunciando sin olvidar nuestro pasado"

Luis Avilés
Octubre 3, 2015 6:30 am

"RECORDAR ES VIVIR"

Hay cosas que no debemos olvidar, es cierto que del pasado y de la historia podemos aprender, lo que no debemos es quedarnos atrapados en el pasado. De hecho, hoy es un nuevo día y Sus misericordias son nuevas cada mañana.

Vivimos en un mundo donde hoy en día se rinde "culto a la velocidad", hablamos de comidas rápidas (Fast Food), automóviles rápidos, prestamos rápidos, entre otros rápidos, queremos soluciones rápidas a nuestros problemas, los matrimonios se vuelven tan rápidos que duran tan poco. En fin, podemos decir que nuestro mundo está lleno de ansiedades lo que hace que no disfrutemos la vida, las relaciones y el trabajo. Nos ocupamos en nosotros mismos y luego nos preguntamos ¿Por qué mi vida es "estresante"? ¿Por qué me angustio? ¿Por qué la vida para mi es difícil y para otros no?

Quiero compartir algunas ideas que nos ayudaran a vivir, la clave la encuentras en este verso:

> **"Pero ten cuidado de no olvidar al Señor tu Dios. No dejes de cumplir sus mandamientos, normas y preceptos que yo te mando hoy. Deuteronomio 8:11 (NVI)**

Si sigues leyendo este pasaje de Deuteronomio te vas a dar cuenta que Dios insiste en que no debemos olvidar si queremos disfrutar de las bendiciones. Las bendiciones de Dios están condicionadas por la obediencia a sus mandamientos. Cuando nos olvidamos de sus mandamientos nuestra vida se vuelve limitada y triste, aunque seamos hijos de Dios.

1. Recuerda que eres hechura de Dios, creado para grandes obras. No hay otro como tú en la tierra. Tú eres único, especial y todo un triunfador o una triunfadora.
2. Recuerda que tú eres un hijo o una hija de Dios. Si recibiste a Jesús en tu corazón perteneces a Dios. Si no lo has hecho, hoy es tu día.
3. Recuerda que tú eres una bendición, donde quieras que tu eres luz.
4. Recuerda que te sacó del lodo y puso en tu boca un cántico nuevo.
5. Recuerda que Él te sacó de la esclavitud, te dio libertad y vida nueva.
6. Recuerda contar tus bendiciones. ¿Cuántas bendiciones tienes? Probablemente cuentas más los problemas, hay que cambiar nuestra forma de hablar.
7. Recuerda que dentro de ti hay un David listo para derribar a Goliat.
8. Recuerda meditar día y noche en la Palabra de Dios para que prosperes.
9. Recuerda todos sus beneficios.
10. Recuerda que los planes de Dios para ti son de bienestar.
11. Recuerda perdonar para ser libre.
12. Recuerda amar para ser amado y recordado.

13. Recuerda que la vida es una, no te la tomes tan en serio. Disfrútala y celébrala.
14. Recuerda que nunca es demasiado tarde para comenzar de nuevo.

"Recordar es Vivir"

Luis Avilés
Septiembre 11, 2015 5:55 am

"POR SU SACRIFICIO HUBO LIBERACIÓN Y REDENCIÓN"

A través del sacrificio de Cristo en la Cruz, su muerte y resurrección provocó tres eventos gloriosos de Liberacion y Redención:
1. Redención al hombre de la maldición y esclavitud del pecado y por ende llega la salvación por medio de su sangre,
2. Cristo toma Dominio de la muerte,
3. La naturaleza es liberada del dominio satánico.

Satanas no tiene ningún dominio sobre nada creado por Dios. El enemigo no tiene dominio ni sobre la muerte, ni la naturaleza y menos del hombre.

Colosenses 1:13-14

> "Porque Él nos libró del dominio de las tinieblas y nos trasladó al reino de su Hijo amado, en quien tenemos redención: el perdón de los pecados."

Hebreos 9:15

> "Y por eso Él es el mediador de un nuevo pacto, a fin de que habiendo tenido lugar una muerte para la redención de las transgresiones

{que se cometieron} bajo el primer pacto, los que han sido llamados reciban la promesa de la herencia eterna."

Dando gracias al Padre… que nos ha librado de la potestad de las tinieblas, y trasladado al reino de su amado Hijo.

"Por su sacrificio hubo liberación y redención"

Luis Avilés
Pastor CDLF

"SU MISERICORDIA, SU BONDAD, SU PERDÓN Y EL BIEN" (SALMO 23:6)

"¡Ciertamente!"

David no dijo: "Puede ser, posiblemente, o tengo el presentimiento". ¡¡¡No!!! dijo: "Ciertamente, el bien y la misericordia" (Salmo 23:6).

¡Con Dios es algo seguro! Santiago escribió: "…en el cual no hay mudanza ni sombra de variación" (Santiago 1:17b).

Nuestro estado de ánimo puede cambiar, nuestra forma de pensar puede alterarse, nuestra devoción puede flaquear, pero Dios nunca cambia. Mira: "si somos infieles, Él permanece fiel, porque no puede negarse a Sí mismo" (2Timoteo 2:13). En los peores momentos de tu vida puedes seguir diciendo: "Ciertamente, el bien y la misericordia me seguirán" (Salmo 23:6). "me seguirán…". Se parece a otra promesa que Dios hizo:

"vendrán sobre ti y te alcanzarán todas estas bendiciones…" (Deuteronomio 28:2). Fíjate en las palabras 'seguirán', 'vendrán' y 'alcanzarán'. ¡No puedes escaparte de ellas! Las bondades de Dios siguieron a Jonás hasta las profundidades del mar, a Daniel hasta el foso de los leones, y a Juan en el exilio, abriéndole el cielo.

Detente y mira atrás: Piensa en los apuros de los que Dios te ha sacado, los líos y problemas que te ha ayudado a resolver, las puertas que Él ha abierto para ti, y ¿qué es lo que ves? Bendiciones que no te mereces, de las que no puedes escapar ¡y que son nuevas cada mañana!

¿" todos los días de mi vida"? Piensa en los días venideros, ¿qué ves? ¿Días en los que estarás sacando adelante una familia? ¿Días de trabajo en "un callejón sin salida"? ¿Días de soledad o de falta de salud? ¿Días ocupados en cuidar a un ser querido enfermo? "Ciertamente el bien y la misericordia me seguirán todos los días de mi vida" (Salmo 23:6) "el bien" porque el Señor provee y 'la misericordia' porque Él perdona; ¡nunca pasarás un día sin esto!

Puede que digas: "Pero algunos días no siento la presencia de Dios". ¡Entonces, en esos días confía en su promesa! Él no miente ni se arrepiente.

"Su MISERICORDIA, Su BONDAD,
Su PERDÓN y el BIEN"

Luis Avilés
Pastor CDLF

"SU MISERICORDIA ES ETERNA PERO LIMITADA"

Dios no es tacaño con la misericordia. La luz del sol que disfruta en un día hermoso también calienta a quienes le rodean. La salud, el trabajo, la educación, la familia y los amigos son resultado de la misericordia de Dios sobre su creación. Incluso aquellos que no lo reconocen o no agradecen su bondad, la reciben. No obstante, tal misericordia es temporal y no puede salvar a nadie por la eternidad.

Hay un límite para la misericordia de Dios, porque Él no puede contradecir sus otros atributos, como la santidad, rectitud y justicia. El pecado debe ser castigado para que Dios siga siendo justo. Sin justicia, la misericordia y el perdón no tendrían sentido. Este dilema fue la razón por la que Jesucristo vino al mundo para morir: satisfacer la justicia de Dios llevando la pena por nuestros pecados.

Aunque Dios ofrece la misericordia de la salvación a todos por medio del evangelio de Cristo, solo aquellos que lo aceptan por fe la reciben. Sin embargo, muchos toman a la ligera la bondad, tolerancia y paciencia de Dios; no se dan cuenta de que estas bendiciones deben impulsarlos a arrepentirse (Ro 2.4). Estas personas pisotean dicha misericordia y continúan su camino, ignorando que el juicio, no la misericordia, les espera en la eternidad.

Incluso los creyentes pueden abusar de la misericordia de Dios al pecar intencionalmente, pensando: "Dios me perdonará". Pero como redimidos que hemos recibido la vida eterna, debemos ser abrumados con amor y gratitud por lo que Cristo hizo. Al renunciar a los derechos celestiales, a la autoridad y a los privilegios como el Hijo de Dios sin pecado, Cristo sufrió el castigo divino por nuestros pecados, para que pudiéramos recibir la misericordia de su Padre.

"Su Misericordia es Eterna pero Limitada"

LUIS AVILÉS BIO

NACIÓ EN SAN JUAN, Puerto Rico en el año 1966. Hace sus primeros estudios generales en el Colegio Bautista de Carolina, PR. Estudia cursos de música e instrumento lo cual es parte de su formación como arreglista, músico, ingeniero y productor. Fundó la banda de René Gonzalez junto a su hermano David y fungió como músico de muchos cantantes de música sacra en la isla. Continuó sus estudios en la Universidad Interamericana de Puerto Rico, la Universidad Central de Bayamón y en el año 1989 se trasladó a la ciudad de New York, en el condado de el Bronx donde siguió sus estudios universitarios en el area de la Sicología en Mercy College. Se unió en matrimonio con Desiré De Jesús en el año 1990. Fué instruido por el pastor Mario de Jesús en la Iglesia Segunda Hermosa lo cual trabajó a su lado como presidente de sociedades, director de alabanza, miembro de los oficiales, etc. Fundó Blessing Recording Studios en el año 1991. Productor de cientos de trabajos musicales y ministros de la adoración. Luego en el 2005 trabajó en West palm Beach, Florida con el pastor Edwin Santiago por siete años y luego por el pastor Oscar Rodriguez para Universo 1420 AM. Fundador y pastor principal de la Iglesia Casa de la Fe, Bronx, NY en el año 2015. Moderador del programa radial "30 Minutos con Casa de la Fe" por Radio Visión Cristiana y por el Canal 69 Bronxnet el programa se reproduce através de la pantalla chica. Pertenece a la junta directiva de la Asociación del Niño Cristiano de New York y es Lider comunitario, motivador, emprendedor y visionario. Recientemente firmó un contrato para el desarrollo de un edificio de multiples pisos que albergará 190 apartamentos para ancianos y las facilidades de la que será la nueva cede de Casa de la Fe congregación que sigue en aumento cada año.

Recientemente comenzó en el Seminario Teológico de New York un Certificado en Ministerio y Liderazgo y maestria en el area de Divinidades y Cuidado Pastoral. Padre de Thomas y Michael, suegro de Chelsea y abuelo de Lailanee y Santino.

A tí mi amigo lector, prosigue a leer el próximo volumen 2 de "Vivencias".

Allí encontrarás principios de "Obediencia, Oración, Paz, Promesas" y también entender como el "Orgullo y Rebeldía" nos afecta nuestra "Relación, Revelación, Sabiduria y Salvación" con nuestro Creador.

A CONTINUACIÓN: "VIVENCIAS" VOLUME 2.

www.ingramcontent.com/pod-product-compliance
Lightning Source LLC
Chambersburg PA
CBHW071145070526
44584CB00019B/2665